清盛公

監修者――加藤友康／五味文彦／鈴木淳／高埜利彦

［カバー表写真］
六波羅の清盛邸に向かう二条天皇
（『平治物語絵巻』六波羅行幸巻）

［カバー裏写真］
厳島神社

［扉写真］
公卿姿の平清盛像
（『天子摂関御影』）

日本史リブレット人 025

平清盛

「武家の世」を切り開いた政治家

Uesugi Kazuhiko
上杉和彦

目次

平清盛のイメージをめぐって

日本の歴史において、平清盛（一一一八～八一）ほど長い時代にわたって「悪役」の評価をあたえられ続けた人物は多くないだろう。

清盛に対する否定的イメージを長く日本人の意識に刻み込む役割を果たしたものとしては、「祇園精舎《ぎおんしょうじゃ》の鐘《かね》の声、諸行無常《しょぎょうむじょう》の響《ひびき》あり。沙羅双樹《さらそうじゅ》の花の色、盛者必衰《じょうしゃひっすい》の理《ことわり》をあらはす……」という著名な一節で始まる軍記文学『平家物語《へいけものがたり》』▲をあげなければならない。『平家物語』は、この冒頭の文のあとに、秦《しん》の趙高《ちょうこう》・漢《かん》の王莽《おうもう》・梁《りょう》の周伊《しゅうい》・唐《とう》の禄山《ろくさん》といった中国の王朝《おうちょう》の人物を「旧主先皇の政治に学ばず、快楽に走り、諫言《かんげん》を受け入れず、天下の乱れや民の愁いも知ることがなかったために」滅亡せざるをえなかった例としてあげ、平将門《まさかど》▲・藤原《ふじわらの》

▼『平家物語』　治承《じしょう》・寿永《じゅえい》の乱（いわゆる源平《げんぺい》の争乱）を、平家滅亡の過程を中心に描く軍記物語。原型は藤原行長《ゆきなが》が編んだと推定される。十三世紀中ごろまでに形が整えられたあと、複数の人物によってさまざまな諸本が形成され、それらは大きく語り本と読み本の二つの系統に分類される。

▼平将門　?～九四〇年。桓武《かんむ》平氏流の武士で良将《よしまさ》（良持《よしもち》）の子。本拠地は下総国《しもうさのくに》猿島《さしま》郡・豊田《とよた》郡。一族内の争いから伯父国香《くにか》を殺害したことをきっかけに朝廷への抵抗を開始し、九三九（天慶《てんぎょう》二）年に常陸国衙《ひたちのこくが》を占領後、関東各地を制圧し「新皇《しんのう》」を名乗った。九四〇（天慶三）年に、平貞盛《さだもり》（国香の子）・藤原秀郷《ひでさと》によって反乱は鎮圧され討たれた。

純友《すみとも》▲といった朝廷《ちょうてい》に対する謀反人《むほんにん》として滅ぼされた日本の人物を同種の事例として列挙したうえで、「奢《おご》り高ぶりの末に滅んだ最近年の人物」として平清盛をあげて叙述を進めていく。このような内容をもった「国民文学」としての『平家物語』の存在が、日本人の清盛に対する認識の形成に大きな影響をあたえたことは容易に理解できるだろう。

『平家物語』における清盛の評価が成立した歴史的背景としては、さしあたり以下のような事柄があげられる。

第一に、源氏《げんじ》が建てた武家《ぶけ》政権の最初である鎌倉幕府《かまくらばくふ》が、清盛たち平氏一門《へいしいちもん》を「朝敵《ちょうてき》」として追討する過程で生まれたという事情が指摘できる。古代より天皇を中心とする政治秩序が綿々と続く日本では、「天皇の敵」を意味する「朝敵」は絶対悪であった。第二に、清盛たち平氏一門が寺院勢力と対立するなかで、仏教理念にもっとも高い価値観があたえられる日本の伝統社会におけるもう一つの絶対悪である「仏敵《ぶってき》」の評価が清盛にあたえられたことが指摘できる。さらに、政治の重要な局面でみせた過酷で無慈悲な振舞いや非人道的な行いの伝承もまた、清盛の「悪役」イメージを強固に決定づけていった。

▼**藤原純友**　?～九四〇年。藤原北家《ほっけ》長良《ながよし》流の良範《よしのり》の子（あるいは養子）。伊予掾《いよのじょう》として瀬戸内海の海賊追捕の任にあたっていたが、九三九（天慶二）年ごろに、伊予国日振《ひぶり》島を本拠地として朝廷への反乱を起こした。小野好古《おののよしふる》・源経基《みなもとのつねもと》の追討を受け、大宰府《だざいふ》襲撃に失敗したあと、九四一（天慶四）年に日振島で橘遠保《たちばなのとおやす》に討たれた。

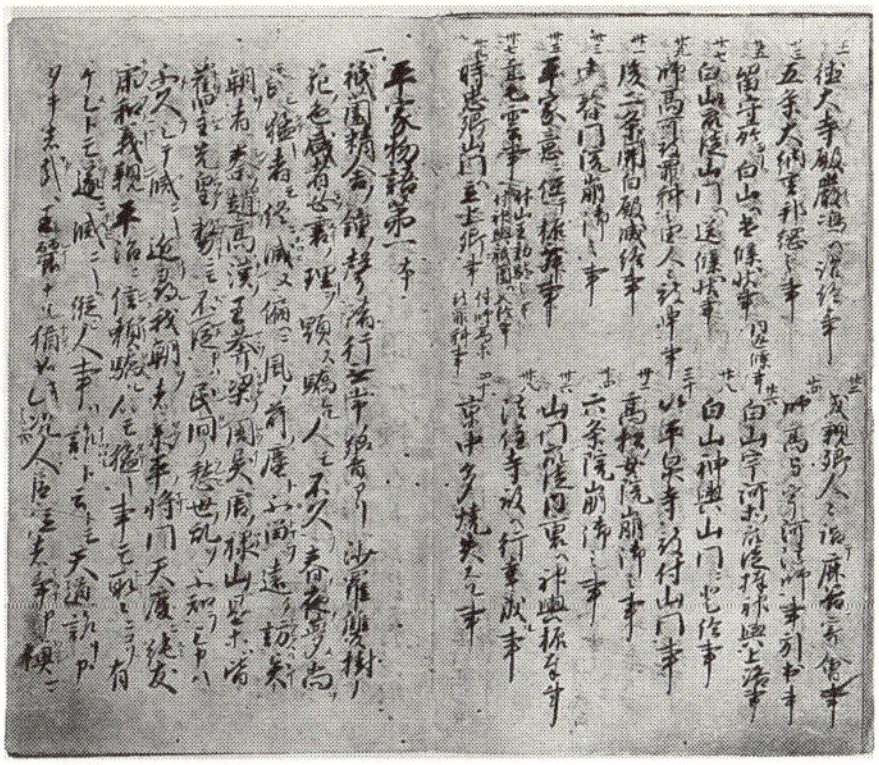
平家物語第一本

延慶本『平家物語』本文冒頭部

桓武平氏略系図

- 桓武天皇—葛原親王
  - 高棟王（賜平姓）—（八代略）—時信
    - 時忠
    - 時子（清盛室、二位尼）
    - 滋子（建春門院、後白河后 高倉天皇生母）
  - 高見王—高望王（賜平姓）
    - 国香—貞盛
      - 維衡—正度—正衡—正盛
        - 忠盛
          - 清盛
            - 重盛
              - 維盛
              - 資盛
            - 基盛
            - 宗盛
            - 知盛
            - 重衡
            - 徳子（建礼門院、高倉后 安徳天皇生母）
            - 盛子（藤原基実室）
            - 寛子（藤原基通室）
          - 経盛
          - 教盛
          - 頼盛
          - 忠度
        - 忠正
      - 維将—維時—直方
    - 良兼
    - 良将（良持）—将門
    - 良文—忠頼—忠常
    - 良茂

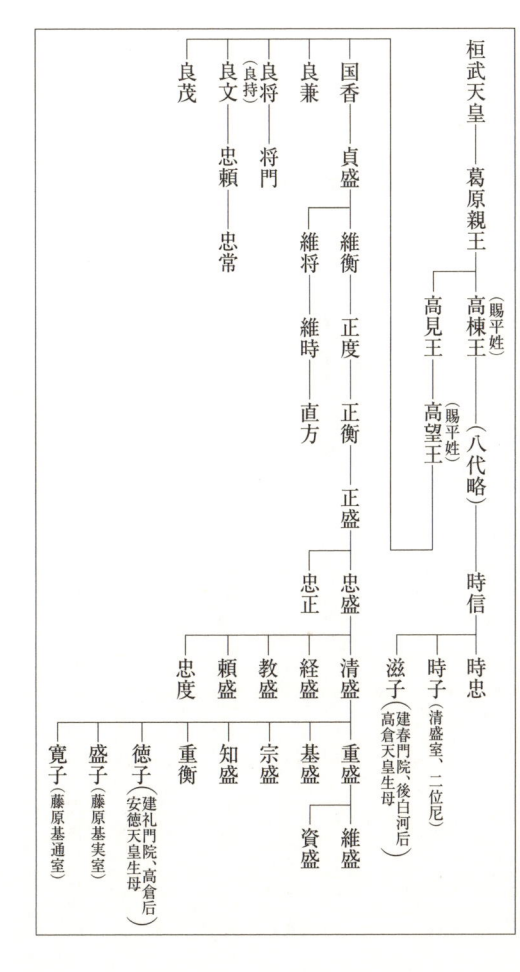

しかし、清盛に対するこのような評価は、妥当なものなのであろうか。実は清盛の事績を丹念に追うことで、「悪役」の評価にふさわしい「奢り高ぶる権勢者」としての清盛像にまつわる事柄は、そのほとんどが清盛の最晩年の行動に起因しているにすぎず、『平家物語』の語る清盛のイメージはきわめて一面的であることが知られるのである。清盛の全生涯を史実に即してみるならば、そのような姿は彼の実像にはほど遠いといわざるをえないだろう。清盛は、日本の武家政治の原型をつくりあげた人物であり、後世の歴史にあたえた影響の大きさは、けっして単純な否定的評価でかたづけられるものではない。

以下本書では、清盛の事績を追いながら、「武家政権の創始者」としての清盛の歴史的位置付けを明確にしたうえで、平安時代末期の歴史の激動が一人の政治家の評価を大きく転回させていく過程を観察していくこととしたい。

▼**桓武天皇**　七三七〜八〇六年。奈良末・平安《へいあん》時代初期の天皇。父は光仁《こうにん》天皇。母は高野新笠《たかののにいがさ》。山部《やまべ》王と称す。七八一(天応《てんのう》元)年に父より譲位され践祚《せんそ》。長岡京《ながおかきょう》・平安京の遷都《せんと》を行い、蝦夷《えみし》を攻撃して東北地方に勢力拡大をはかるなど積極的に朝廷政治に取り組み、天皇権力を伸長させた。

①—武家棟梁としての活躍

栄達を約束された出自

清盛は、桓武平氏《かんむへいし》流武士団の嫡流の家に生まれた。

桓武天皇▲の子孫である平氏の流れを概観すると、高棟王《たかむねおう》の子孫でおもに文筆官僚を輩出した一流と、高望王《たかもち》の子孫でおもに武士を輩出した一流の二つに大別することができる。高望王の子孫の系譜をさらにみると、東国《とうごく》に土着した武士団をだした良文《よしふみ》・良茂《よしもち》などの流れと、東国から拠点を伊勢《いせ》に移し、やがて朝《ちょう》廷《てい》の政治権力と密接な関係をもって京で活躍するようになった維衡《これひら》(藤原秀郷《ふじわらのひでさと》とともに平将門《まさかど》追討に功のあった貞盛《さだもり》の子)の子孫に分かれていく。

維衡の曽孫にあたる正盛《まさもり》は、検非違使《けびいし》・受領《ずりょう》を歴任し、伊賀国《いがのくに》にあった所領を一〇九七(承徳元《じょうとく》)年に白河上皇《しらかわじょうこう》▲の皇女である故郁芳門院媞子内親王《いくほうもんいんていしないしんのう》の菩提《ぼだい》所《しょ》に寄進したことを契機に白河に接近して院北面《いんのほくめん》▲となり、海賊追捕や謀反人《むほんにん》の鎮圧さらには延暦寺《えんりゃくじ》や興福寺《こうふくじ》の強訴《ごうそ》▲における衆徒《しゅと》の入京阻止などでたびたび武功をあげ、白河や摂関家《せっかんけ》の厚い信頼をえて伊勢平氏台頭の基盤をつくった。

▼**白河上皇**　一〇五三〜一一二九年。平安時代後期の天皇。父は後三条天皇。母は藤原茂子《しげこ》。一〇六八(治暦《じりゃく》四)年、父の譲位により践祚。父とは異なるみずからの意志による皇位継承を実現するべく、一〇八六(応徳《おうとく》三)年に子の堀河天皇に譲位したあと、孫の鳥羽・曽孫の崇徳の代まで上皇として政治を総攬し院政を確立させた。

▼**院北面**　上皇御所の北面の詰所に伺候《しこう》して上皇の警護にあたる院司。白河院政期からおかれるようになった。武芸に優れた者が任じられ、武士にとって名誉ある地位であった。

▼**強訴**　有力寺社の武装した僧徒や神人が、宗教権威を誇示して集団で朝廷や幕府に要求をすること。院政期以降に活発となり、春日社《かすがしゃ》の神木を掲げた興福寺や日《ひ》吉社《えしゃ》の神輿《しんよ》をかついだ延暦寺のものが有名。

正盛の子である忠盛《ただもり》もまた、父同様に海賊追捕や強訴対策などに活躍するとともに、軍事力のみならず豊かな経済力によっても白河・鳥羽《とば》両上皇の院政《いんせい》を支え、武士としてはじめて内昇殿《ないしょうでん》▲を許され、伊勢平氏の政治的権威をさらに高めた。上皇からの直接の命令を受けた正盛と忠盛による海賊・謀反人の鎮圧の実績によって、桓武平氏の嫡流がもつ全国武士を統率する立場すなわち武家《ぶけ》棟梁家《とうりょうけ》の地位が確立していったのである。

清盛は、一一一八(元永《げんえい》元)年正月十八日に忠盛の長男として誕生した。清盛が白河上皇の落胤《らくいん》であるとする説が長く流布してきたが、それを証明する史料はない(逆にいうと完全に否定する史料もないのだが)。母は白河院の女房《にょうぼう》であり、一一二〇(保安《ほうあん》元)年七月十二日になくなった「忠盛妻」(『中右記《ちゅうゆうき》』▲同日条)にあたると考えられる。問題はこの女性の出自で、古くは『平家物語《へいけものがたり》』などの記述をそのまま信じて、白河上皇の寵妃《ちょうき》である祇園女御《ぎおんのにょうご》▲にあたるとされてきたが、この理解は根拠に乏しく、滋賀県の胡宮《このみや》神社に伝存する「仏舎利相承次第《ぶっしゃりそうしょうしだい》」という史料の記述に基づいて、祇園女御の妹で白河上皇に仕えた人物であるとする判断が妥当に思える。ただし同史料は後世のものであり、記述のあり方にも不審

▼内昇殿　清涼殿殿上の間《せいりょうでんでんじょうのま》で天皇への伺候を許されること。平安時代前期に制度として成立し、時代がさがるにつれて定員や身分編成などが整い、昇殿を許された者は殿上の諸事に従事した。

▼『中右記』　白河上皇の政治を支えた有能な公卿である藤原宗忠(中御門右大臣《なかみかどうだいじん》)の日記。記事は一〇八七(寛治《かんじ》元)年から一一三八(保延四)年までおよび、途中一八年分の欠損がある。白河院政期から鳥羽院政初期の歴史を知るための根本史料。

▼祇園女御　生没年不詳。白河上皇の寵妃。出自については、祇園社門前の水汲女や朝廷に出仕していた女房などとするいくつかの伝承があるが、定かではない。上皇の寵愛を背景に大きな権勢を誇った。

な点があることから、清盛の実母の出自に関して断定的な結論はくだしがたいとせざるをえない。

だが、祇園女御が清盛の母であるとする言説自体には歴史的背景が存在した。清盛の祖父正盛および父忠盛は祇園女御に取り入ることで官位の昇進を果たしており、平氏一門《いちもん》と祇園女御のあいだに深い関わりがあったことは確かな事実であった。父子・母子関係の実否にかかわらず、白河上皇と祇園女御という二人の権勢者の庇護を受けた清盛は、生まれながらにして栄達の道を保証されていたといえよう。

朝廷官人としての清盛の活動の記録は、一一二四(天治《てんじ》元)年ごろより史料にみえはじめる。

大治《だいじ》年間(一一二六〜三一)ごろには白河上皇の院殿上人《いんのてんじょうびと》となり、一一二九(大治四)年正月六日に従五位下《じゅごいのげ》に叙され、正月二十四日に左兵衛佐《さひょうえのすけ》に任じられ、以後の清盛の華々しい任官歴が始まることとなる。このときの清盛の叙位《じょい》任官《にんかん》に関して、権大納言《ごんのだいなごん》藤原宗忠《むねただ》はその日記『中右記』に、「この春給爵、十年、備前守《びぜんのかみ》忠盛男、人耳目を驚かすか。言うに足らず」と記し、若年での清盛の叙《じょ》爵《しゃく》に対する人びとの驚きぶりを伝えている。たしかに、武士の衛府《えふ》への任官は三等官の尉《じょう》であることが通常であり、二等官の佐に任じられたことは破格である。そのような任官の背景に白河上皇や祇園女御との深い関係があったことはまちがいないだろう。

以後の清盛は、一一三一(天承《てんしょう》元)年正月五日に兵衛佐の労による従五位上《じょう》、三五(保延《ほうえん》元)年八月二十一日には父忠盛の西国《さいごく》海賊追討賞の譲りによる従四位《じゅしいの》下《げ》への叙位と位階《いかい》を昇進させた。当時の武士に求められていた最重要任務の一つである海賊追討の恩賞を父より譲られたということは、この時点での清盛が武家棟梁忠盛の嫡子としての立場を明確にしはじめていたことを意味する。明確な根拠となる史料はないが、清盛自身が海賊追討のため西国に向かったことも当然推察できる。

さらに清盛は、一一三六(保延二)年四月七日に父忠盛の譲りにより中務《なかつかさの》大《だ》輔《ゆう》、三七(同三)年正月三十日には同じく父の熊野《くまの》造営賞の譲りにより肥後守《ひごのかみ》へ任官し、一貫して忠盛の権勢を背景とした昇進を続け、四〇(同六)年十一月十四日には従四位上、さらには四六(久安《きゅうあん》二)年二月一日には正四位下《しょうしいのげ》と位階を上

▼**『公卿補任』**　神武《じんむ》天皇の代から一八六八(明治元)年におよぶ公卿(参議以上または三位以上)の任官歴を年ごとに記した史料。編者・成立時期は不明だが、十世紀半ばに成立していた「公卿伝」をもとに書き継がれたものと推定されている。

▼**御給**　院・女院《にょいん》・皇后・皇太后・太《たい》皇太后にあたえられた官職・位階の推挙枠。推挙者(給主)は、この制度を伺候者の奉仕に応える優遇措置として用いたり、被推挙者より対価として収益を受け取ったりした。

▼**『本朝世紀』**　藤原通憲(信西)が鳥羽上皇の命により著した編年《へんねん》体《たい》の歴史書。完成したのは宇多《うだ》朝の時代のみでほかは未定稿。数百巻が存在したものと推定されるが、現存する部分はわずかにすぎない。

昇させている。なお、正四位下への昇叙について、『公卿補任《くぎょうぶにん》』▲が「鳥羽御《ご》給《きゅう》」▲とするのに対し、『本朝世紀《ほんちょうせいき》』▲は「皇后藤原得子《とくし》の給」と記しており、後者によるならば、この時点で清盛は鳥羽皇后美福門院《びふくもんいん》藤原得子に奉仕する立場にあったことになる。のちの清盛は美福門院の力をえて政治力を伸ばすことになるが、両者の関係はこのころにまでさかのぼることが推測されよう。

祇園社闘乱事件

一一四七（久安三）年六月十四日に行われた祇園社の御霊会《ごりょうえ》▲において、清盛を巻き込む一つの騒動が起きた。御霊会は、例年多くの貴族《きぞく》たちの祈願がなされ田楽《でんがく》などが奉納される重要な祭礼であり、この年には清盛も翌十五日に田楽を奉納している。このとき、清盛の従者《じゅうしゃ》と祇園社の神人《じにん》とのあいだで闘乱事件が発生した。事の発端は、田楽の守護のために社頭にきていた清盛の従者たちの武装に対し祇園社の神人がいいがかりをつけたことであった。争いのなかで、従者たちの放った矢が祇園社の建物や神人・僧侶にあたるという事態にはなったものの、この日はそれ以上の紛糾はみられなかった。

▼**御霊会**　疫病の流行などの際に、政治的に非業《ひごう》の最期をとげた人物の霊を慰めるために行われた祭礼。八六三（貞観《じょうがん》五）年に朝廷が神泉苑《しんせんえん》で早良《さわら》親王ら六人の霊をまつったものが史料上の初見。民衆にまで開放されたはなやかな祭礼で、祇園社・北野《きたの》社のものがよく知られている。

祇園社（八坂《やさか》神社。京都市東山《ひがしやま》区）

六月二十四日に祇園社を末社《まっしゃ》とする延暦寺の衆徒が鳥羽上皇に訴えたことで事件は表沙汰となったが、清盛の父忠盛がすばやい対応をみせ、事件の責任者を鳥羽上皇に引き渡し、清盛側の非を認めて穏便に事件を処理しようとした。しかし、これにおさまらない延暦寺衆徒が二十六日に忠盛・清盛父子の流罪《るざい》を要求したために、事件は思わぬ規模へと発展することとなった。

朝廷は、延暦寺の訴えを受けて事件の現場検証や公卿の会議などを行ったが、忠盛・清盛父子に軽々に厳罰をあたえることを上皇や公卿たちが躊躇《ちゅうちょ》したため、裁定はなかなかくだらなかった。これに業を煮やした衆徒たちが、比叡山《ひえいざん》をくだって都《みやこ》に向かい強訴を行う構えをみせたために、鳥羽上皇は忠盛・清盛の側に立つ姿勢を明確にし、事件の当事者である忠盛・清盛を除いた有力な源氏《げんじ》武士と平氏武士を大々的に動員し、延暦寺の強訴に断固として対抗する措置をとった。

このような状況のなかで、清盛に贖銅《しょくどう》▲三〇斤《きん》を科すべしとの明法家《みょうほうか》▲の勘申《かんじん》が七月二十七日にだされ、八月五日に勘申に従った刑が清盛に言い渡された。早い話が、鳥羽上皇の力を後ろ盾として、清盛は罰金刑という軽い処分で事をす

鳥羽法皇像（『天子摂関御影《てんしせっかんみえい》』）

▼**贖銅**　律《りつ》に定められた制度で、刑罰の重さに相当する量の銅をおさめることで刑の執行そのものをまぬがれるもの。位階・年齢・疾病の有無などによって贖銅の適用を認める条件が定められていた。

▼**明法家**　古代の学制である大学寮におかれた四道《しどう》の一つである明法道（法律）を専門に学び、法律の運用・教授にあたった官人。犯罪者の刑罰の判断は、その重要な職掌の一つである。

ませられたのである。延暦寺が主張する重罰はついにくだされることはなく、この一件は延暦寺内部の紛争へと形を変えたのち、収束を迎える。

この事件には、院権力と延暦寺の思惑の板挟みのなかで、武士としての役割を貫くことに忠盛と清盛が苦慮するという構図が姿をみせている。のちの朝廷政治の事態の推移をみると、世俗権力と宗教権力の対立の処理が清盛の後半生に一貫した課題であるといって過言でないと思われるが、その意味で祇園社闘乱事件の体験は、のちの清盛の処世に大きな影響をあたえたのではないかと考えられる。

武家棟梁家の継承

忠盛の長男として出生した清盛が、官位《かんい》昇進の面で父忠盛の後継者の地位を固めていったことを前述したが、久安年間(一一四五～五一)ごろの清盛は、実はまだ完全な意味で忠盛嫡男の立場を確立していたわけではなかった。それは、忠盛の正室《せいしつ》である藤原宗子《むねこ》(のちの池禅尼《いけのぜんに》)の子で、清盛の異母弟にあたる家盛《いえもり》の存在が、忠盛一門のなかで清盛に匹敵する立場をもっていたからである。正室腹であることの重みは無視しがたく、清盛に勝《まさ》るとも劣らない官位の昇進をしていた家盛が、清盛にかわって忠盛の後継者の地位をえる可能性も小さくはなかったのである。

だが、家盛が一一四九(久安五)年三月になくなったことで、清盛の立場は安泰となった。七月九日の高野山大塔《こうやさんだいとう》造営の際には清盛は父の代官《だいかん》として登山し、十一月十一日に行われた鳥羽上皇の天王寺参詣《てんのうじさんけい》に公卿たちとともに供奉《ぐぶ》し、さらに一一五一(仁平《にんぴょう》元)年二月二日に、父の知行《ちぎょう》する安芸《あき》国の守に任じられていることなどは、忠盛の後継者としての清盛の立場を人びとの目に明確に示すものであった。また、一一五二(仁平二)年三月に行われた鳥羽上皇の五十賀には、清盛は院庁別当《いんのちょうべっとう》▲として参加しており、清盛が父同様に上皇の家政機関を支える立場をえていたことがわかる。

ただし清盛の兄弟には、家盛のほかにも忠盛正室宗子を母とする頼盛《よりもり》がいた。父の正室の子という立場を背景として、のちになると頼盛の存在は、平氏一門の統率者としての清盛の立場を不安定にする要因となっていく。

一一五三(仁平三)年正月十五日に、平忠盛が没した。清盛は桓武平氏流武家

▼**院庁別当**　上皇や女院の家政機関である院庁において、上首《じょうしゅ》にあたるもの。院庁の発給文書に署判者としてみえる。

棟梁家の家長《かちょう》となり、国家的軍事警察権の最高執行者の立場を父より引き継ぐこととなった。少しあとの出来事であるが、一一六〇(永暦《えいりゃく》元)年五月十五日に鎮西《ちんぜい》の盗賊である日向通良《ひゅうがみちよし》の追討使に清盛が任命され、清盛の郎等《ろうとう》である平家貞《いえさだ》によって通良とその従類《じゅうるい》七人が討ちとられたことが、武家棟梁としての清盛の職務遂行の事例にあたる。

清盛は父忠盛の有したさまざまな権益を継承したが、そのなかでもっともよく知られたものは六波羅《ろくはら》の邸宅であろう。

鴨《かも》川の東岸に位置する六波羅は、本来は京に近接する葬送の場であり、古くから寺院が建立《こんりゅう》されてきた地であった。空也《くうや》▲が開いた西光寺《さいこうじ》もその一つで、西光寺が六波羅蜜寺《みつじ》と改称されたあと、同寺内に清盛の祖父である正盛が阿弥陀《あみだ》堂《どう》を建立したことが、六波羅と桓武平氏の関わりの始まりである。清盛の父忠盛の時代には方一町《ほういっちょう》の規模であったが、清盛によって方四町に拡大され、最終的には二〇町の広さをもち、清盛の住む泉殿《いずみどの》や頼盛の住む池殿《いけどの》など平氏の一門の邸宅がひしめく大規模な都市的空間へと六波羅は発展していく。

また清盛は忠盛の死後、安芸国の知行国主《こくしゅ》▲の地位を忠盛から継承した。安芸

▼**空也**　九〇三～九七二年。平安時代中期の念仏僧《ねんぶつそう》。出自は不詳。弘也《こうや》・市聖《いちのひじり》などとも称された。諸国を遍歴して死者の火葬や道路建設・架橋などの事業に従事し、京にはいってからは民衆に念仏を広める活動を行った。

▼**知行国主**　公卿層のような高位の身分の者で、子弟や家人を国守に任じ、みずからはその国の実質的な支配権を有し、租税を収入としてえた者。知行国の制度は、平安時代中期に始まり院政期に急速に隆盛した。

六波羅蜜寺（京都市東山区）

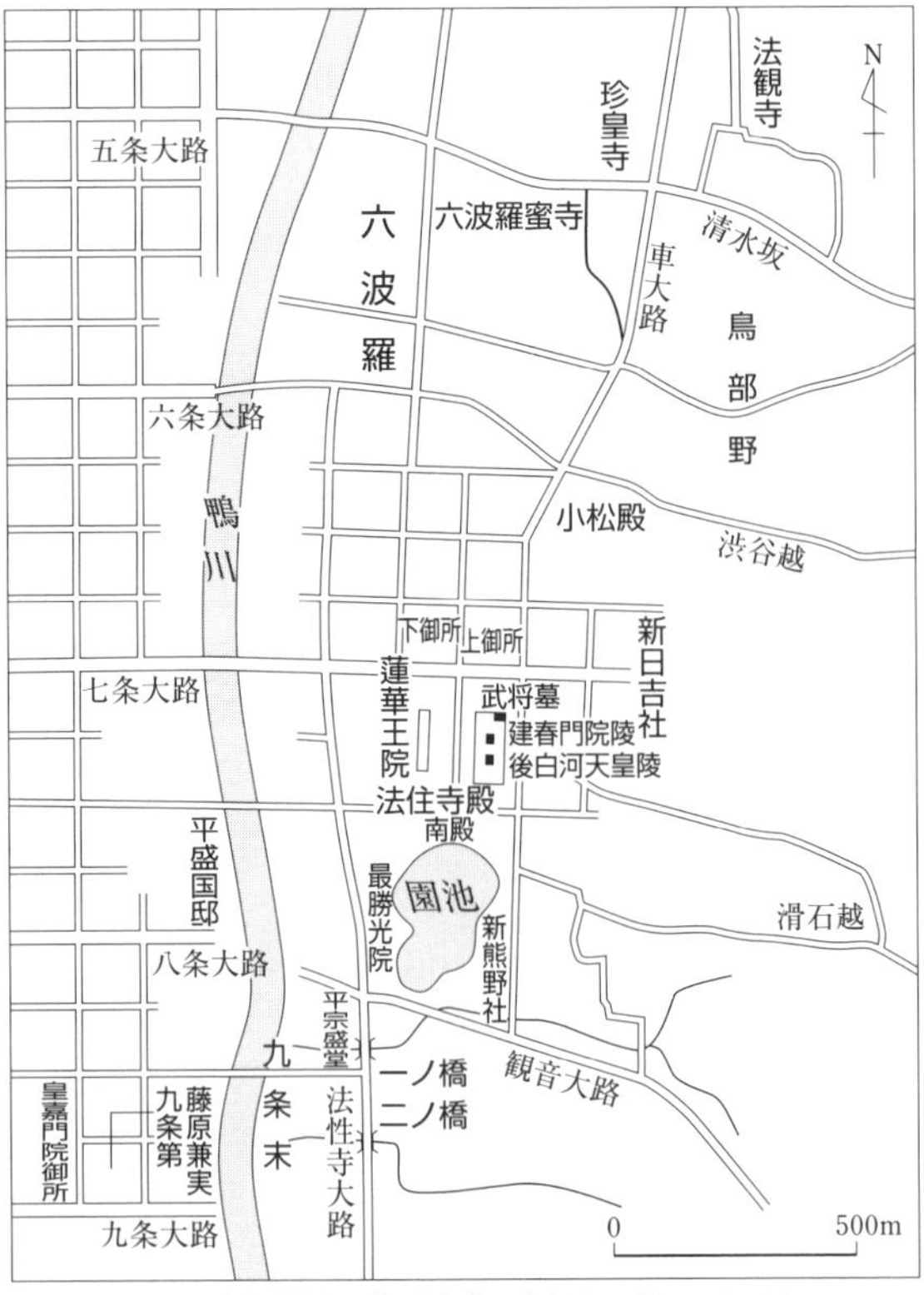

六波羅周辺図（高橋昌明『平清盛　福原の夢』による）

国を代表する神社である厳島《いつくしま》社▲と平氏一門のつながりや、安芸国の有力武士である佐伯《さえき》氏の清盛家人《けにん》としての活動などが、ここから始まるのである。

皇位継承をめぐる政争のなかで

平氏武士団の棟梁となって三年後、清盛は大規模な政治闘争の渦に巻き込まれることとなった。

古くより朝廷社会では、皇位継承をめぐって流血をともなう苛烈な争いが何度も繰り返されてきた。だが、摂関政治期には天皇の母系の藤原氏が、さらに後三条《ごさんじょう》天皇親政《しんせい》期・白河院政期以降は天皇家の家長が、それぞれ皇位継承権を一元的に掌握したことによって政治は安定し、合戦《かっせん》におよぶ激烈な政治抗争は久しく起きることがなかった。清盛の時代までには、天皇家および摂関家を頂点とする貴族の家、そして平氏・源氏の武家棟梁家といった家格秩序が一応安定的に確立し、朝廷政治の骨格が形成されていたのである。

しかし、朝廷社会における政争の火種が完全に消失したわけではなかった。あらたな政治秩序においては、家内部における継承者争いが政治を不安定化さ

▼**厳島社**　伊都岐島《いつきしま》社とも。式内社《しきないしゃ》。安芸国一宮《いちのみや》。現広島県廿日市《はつかいち》市宮島《みやじま》町の厳島に鎮座する。祭神は市杵島姫《いちきしまひめ》命・田心姫《たごりひめ》命・湍津姫《たぎつひめ》命。瀬戸内海を臨む地にあり、海上交通と深い関わりをもつ。平安時代末期に平氏が壮大な社殿を創建した。

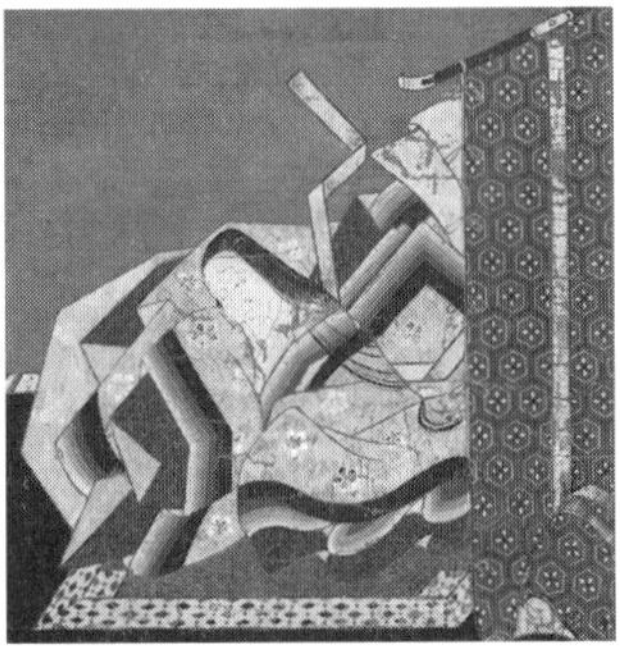

美福門院像

せる要因となっていた。そのような要因による権力闘争が勃発した直接のきっかけは、白河上皇の後継者として一一二九(大治四)年以来朝廷政治を総攬《そうらん》してきた鳥羽上皇が、五六(保元元《ほうげん》)年七月二日に没したことであった。

白河上皇の在世中は政治的権限を封じられ、不仲の皇子である崇徳《すとく》への皇位の継承を余儀なくされた鳥羽上皇は、白河なきあと、父同様に自分の意志で皇位継承のあり方をコントロールして院政を開始するようになった。だが、鳥羽と崇徳のあいだの亀裂はそのまま残り、それが深刻な政治対立を招くこととなった。

鳥羽は、待賢門院《たいけんもんいん》藤原璋子《しょうし》が産んだ皇子で、待賢門院と親密な関係にあった白河が実父であるとの噂《うわさ》が流れていた崇徳天皇をうとみ、美福門院の産んだ弟の体仁《なりひと》親王に皇位を譲らせ(近衛《このえ》天皇)、一一五五(久寿《きゅうじゅ》二)年に近衛がなくなると、次の皇位に待賢門院を母とする雅仁《まさひと》親王を就けた(後白河《ごしらかわ》天皇)。実は鳥羽と美福門院の本意は、美福門院の猶子《ゆうし》となっていた守仁《もりひと》親王(雅仁親王の子。のちの二条《にじょう》天皇)による皇位継承であり、後白河天皇は「中継ぎの天皇」として即位したのであった。しかし、すでに成人していた後白河にとってそのような

後白河法皇像(『天子摂関御影』)

崇徳上皇像(『天子摂関御影』)

天皇家略系図

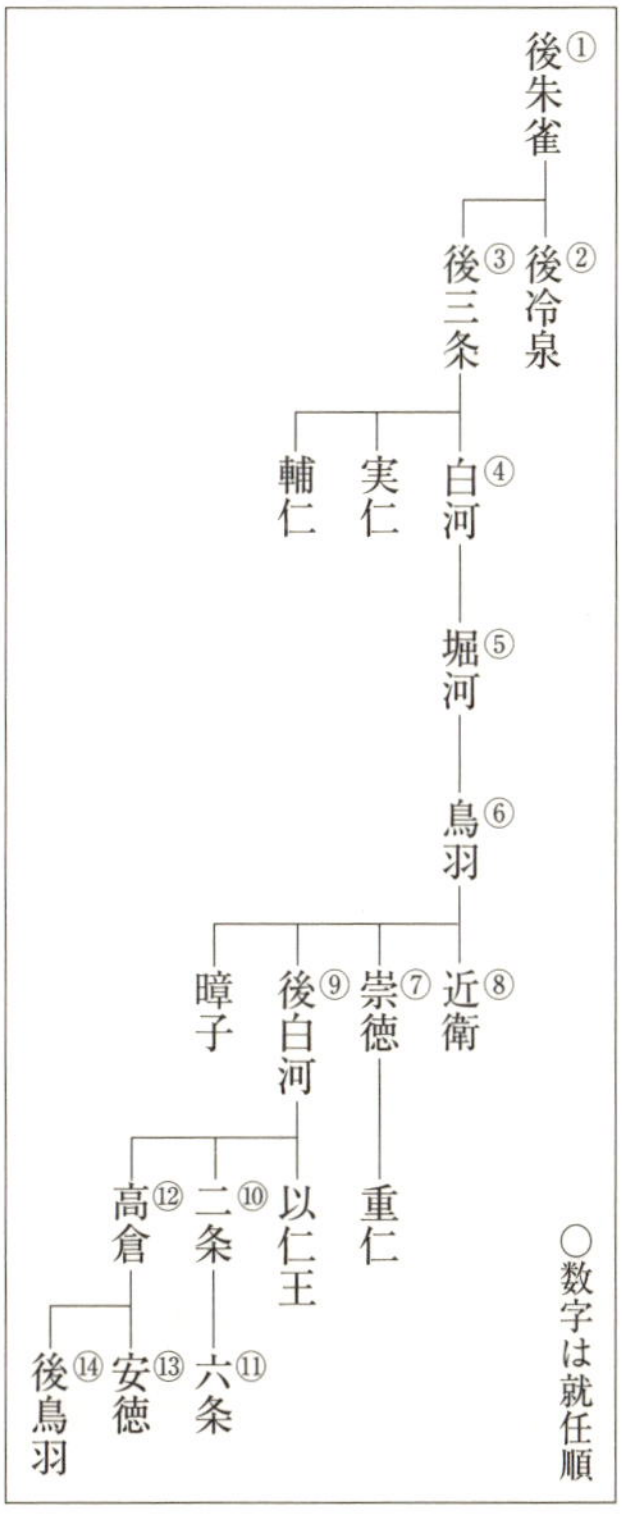

藤原摂関家略系図

状況がおもしろいはずはなく、またまぐるしい事態の推移のなかで、崇徳上皇もまた、子の重仁《しげひと》親王の即位およびみずからの院政開始の道を閉ざされていったことにおおいに不満をつのらせていた。

一方同じころ、摂関家内部でも家長権の継承をめぐる争いが起き、関白忠通《かんぱくただみち》と父忠実《ただざね》・弟頼長《よりなが》のあいだに対立が生じていた。

一一五六年七月に鳥羽が没すると、以上のような朝廷の中枢に位置する人びとの対立が一挙に表面化することとなった。武士団が確固たる地位を占め、天皇家や摂関家などの人びとに多くの武士が臣従していたこの時代、朝廷社会の権力闘争は必然的に武士団を巻き込む結果となり、最大の武力を有した清盛たち平氏武士団の去就は、鳥羽没後の緊張状態のもとで、当然ながらおおいに注目されることとなった。

もちろん清盛たち平氏一門にとって、王権をおびやかし朝廷の安寧を損なう勢力の討伐こそが自分たちの責務であることは自明であった。しかし、王権あるいは朝廷の権力そのものが分裂状態に陥ったとき、平氏のとるべき道はにわかには定まらず、その去就は微妙な人間関係の絡む政治情勢によって決せられざるをえなかったのである。

後白河と崇徳の対立の構図において、当初平氏の立場は、崇徳方に近いものであった。あるいは、より慎重な言い方をすれば、少なくともそのように人びとに認識されていた。忠盛の正室である宗子が崇徳の皇子である重仁親王の乳母《めのと》であったことが、その最たる要因であり、鳥羽上皇の葬儀の入棺役に平氏一門が加えられなかったことも、そのような事情による平氏への警戒心の表れであった。最大の軍事力を有する清盛たち平氏一門を後白河・崇徳いずれの陣営が味方につけるかは、軍事衝突の際の勝敗を決するものであった。もし清盛たちが崇徳方についたならば、この直後に起こる保元の乱の結果はまったく異なったものとなり、日本の歴史の流れも大きく変わっただろう。

清盛の行動に大きな影響をあたえ、情勢の帰趨を決したのは、二人の女性の言動であった。『保元物語』▲によると、鳥羽が生前に指示した内裏《だいり》を警固する武士の名簿に清盛の名がなかったにもかかわらず、美福門院が鳥羽の遺言であるとして清盛を召したという。この措置がなかったならば、孤立した清盛が後白河に敵対する動機をもつようになったかもしれない。

▼**『保元物語』**　保元の乱を叙述対象とする軍記物語。三巻。編者は不詳。十三世紀にはいってから原型が成立したものと推定される。平氏に比べて源氏の武士の動向をより詳しく描く傾向がみられる。

▼**『愚管抄』**　天台座主《てんだいざす》慈円《じえん》(九条兼実《かねざね》の弟)が著した歴史書。七巻。神武天皇から順徳《じゅんとく》天皇までの日本の歴史を、「道理」の衰退する過程として叙述する。一二二一(承久《じょうきゅう》三)年に起きた承久の乱の前後に成立したものと考えられる。

また『愚管抄《ぐかんしょう》』▲によると、崇徳上皇と深い縁をもつ宗子が実子の頼盛に対して、合戦になったならば崇徳は必ず負けると説き、兄清盛に味方するように説得したという。前述したように正室腹の頼盛は、一門内で清盛に肩をならべることのできる存在であったが、その頼盛が縁故関係を理由に崇徳方についたならば、一門の分裂を恐れる清盛は、崇徳に敵対する行動を躊躇したかもしれない。

京が一触即発の緊張状態におかれていた七月五日、崇徳上皇・藤原頼長に対する警戒のために、後白河が京中の武士の行動の取締りを検非違使に命じた際、命令を受けた者のなかに清盛の次男である基盛《もともり》の名があったことは、この時点までに清盛が後白河方についたことを意味する。後白河天皇は清盛を取り込むことに成功し、清盛と後白河のあいだの紆余曲折《うよきょくせつ》に富んだ関係の歴史の第一幕が始まることとなったのである。

保元の乱

七月六日に平基盛が、大和国《やまと》の武士で頼長の家人となっていた源親治《みなもとのちかはる》を京の東にある法住寺《ほうじゅうじ》付近で捕え、七月八日には、代々の摂関家家長に伝領されてきた東三条殿《ひがしさんじょうどの》▲が没官《もっかん》され、藤原忠実・頼長父子の諸国荘園《しょうえん》からの軍兵動員を禁じる後白河天皇の綸旨《りんじ》が諸国にだされた。このような形で後白河天皇に追いつめられた崇徳と頼長は、情勢を一転させるための合戦を覚悟せざるをえなくなり、源為義《ためよし》・平忠正《ただまさ》といった武士を召して白河北殿にはいった。一方、後白河方の清盛および藤原忠通・源義朝《よしとも》・信西《しんぜい》らは高松殿《たかまつどの》にはいった。義朝は、清和《せいわ》源氏流の武士である為義の長子で、長く東国で活動していたが、前年より京を生活の拠点とするようになっていた。清盛が動員した軍勢が、一門の武士のほか伊賀・伊勢・河内《かわち》・備前《びぜん》・備中《びっちゅう》といった平氏が本拠とする地域の武士からなっていたのに対し、義朝の軍勢は、彼の東国での活動実績を反映して近江《おうみ》・美濃《みの》・尾張《おわり》・三河《みかわ》・遠江《とおとうみ》・駿河《するが》・相模《さがみ》・安房《あわ》・上総《かずさ》・武蔵《むさし》・上野《こうずけ》・下《しも》野《つけ》・常陸《ひたち》・甲斐《かい》・信濃《しなの》といった東山道《とうさんどう》・東海道《とうかいどう》の武士からなっていた。

七月十日の夜半になって、義朝は崇徳上皇の白河殿への先制攻撃を主張した。後白河天皇たちはしばらく夜襲の決行をためらっていたものの、藤原忠通の決断によって攻撃命令が発せられ、合戦の火ぶたが切られることとなる。

▼**東三条殿**　左京《さきょう》三条三坊《さんぼう》一・二町にあった邸宅。もとは藤原良房《よしふさ》の邸宅であり、道長《みちなが》の時代以降は、藤原氏の氏長者《うじのちょうじゃ》が代々にわたって管轄するようになり、氏長者の地位の象徴である朱器台盤《しゅきだいばん》が保管されていた。

▼『**兵範記**』　兵部卿《ひょうぶきょう》平信範《のぶのり》の日記。一一三二(長承《ちょうしょう》元)年から七一(承安《じょうあん》元)年までの記事が断続して伝存。信範は摂関家の家司《けいし》とともに鳥羽・後白河の院司もつとめ、平安時代末期の情勢に関する貴重な記事を多くおさめている。

『兵範記《ひょうはんき》』▲によれば、白河北殿の攻撃に向かった軍勢は、二条大路《にじょうおおじ》をいく平清盛の三〇〇騎、大炊御門《おおいみかど》大路をいく源義朝の二〇〇騎、そして近衛大路をいく源義康《よしやす》の一〇〇騎であった。義朝が白河北殿正面の攻撃を担当するのに対し、清盛は白河北殿の南側を攻撃する形となる進軍である。軍勢の規模で劣勢に立つ崇徳上皇たちは南都《なんと》の軍勢を味方につけて合戦に臨もうとしており、それに備えて清盛には南からの軍勢の合流を防ぐ役割があたえられていたのかもしれない。なお、『保元物語』には清盛の軍勢は六〇〇騎とされており、軍記物語にありがちな数字の誇張ともとれるが、清盛一門の軍勢を加えた数字として理解することも可能だろう。

白河北殿での戦闘は十一日の正午ごろまでに決着がつき、合戦は後白河方の勝利に終った。保元の乱と称されるこの戦いのあと、崇徳上皇は讃岐《さぬき》に流され、戦いのなかで傷をおった藤原頼長は命を落とし、藤原忠実は隠遁《いんとん》を余儀なくされた。

ところで、『保元物語』の描く合戦の場面での義朝の姿は、まことに活力にあふれ勇ましい。合戦を前にした義朝は、皇位継承にかかわる戦いに参加し、武

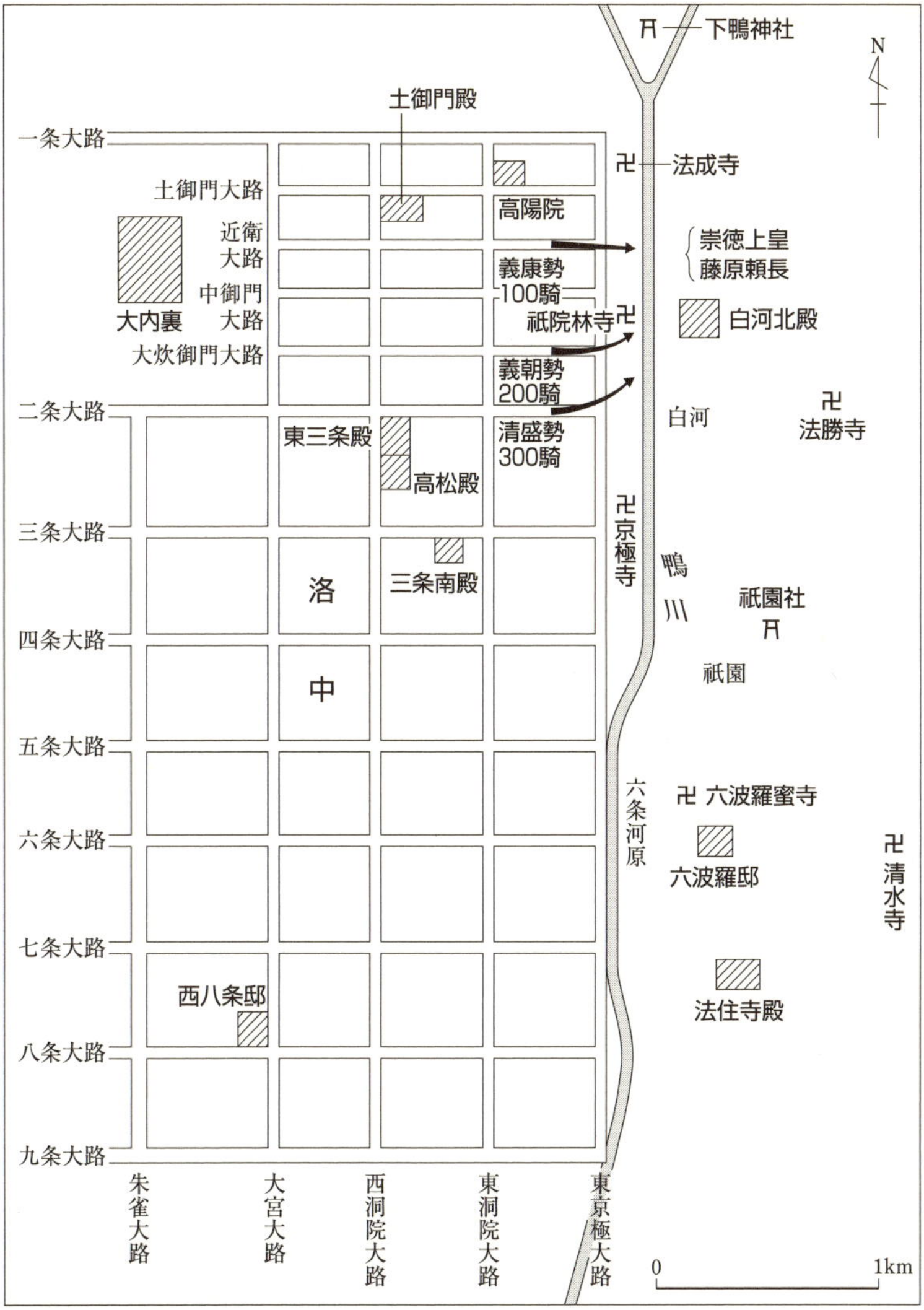

保元の乱関係図（五味文彦『平清盛』による）

士としての名声をあげる場面に出会えたことをおおいに喜び、「天皇の命令を受けて朝敵《ちょうてき》を討ち、恩賞を受けることは家の面目である。今こそ武芸を発揮して命をすて、後世に名を残して恩賞を子孫に伝えるのだ」と言い放ったと記されている。父為義との関係が必ずしも良好ではない義朝は、河内源氏流武士団の中心人物として後白河の陣営に参加することに格別に奮い立っており、ためらうことなく夜襲に打って出ることができたのであろう。『保元物語』中「白河殿攻メ落ス事」には、そのような義朝の奮戦ぶりがあますところなく詳細に描かれている。

これに比べて『保元物語』の描く清盛の姿は、かなり精彩を欠く。義朝が賀茂川の河原で崇徳方の源頼賢《よりかた》の軍勢と衝突している間に、南側からまわった清盛は源為朝《ためとも》▲と鉢合わせし、伊藤景綱《かげつな》の子である伊藤六《ろく》や山田是行《やまだこれゆき》といった清盛の家人たちが為朝の放つ矢によって討たれ、清盛の軍勢はやむなく後退している。また『愚管抄』における保元の乱の叙述においても、もっぱら義朝の動きのみが記されている。

以上のような関連史料の叙述から、清盛がこのときの合戦で重要な働きをし

▼**源為朝**　一一三九〜七〇(七七?)年。平安時代末期の武将。鎮西八郎《ちんぜいはちろう》とも。源為義の八男。武芸に優れ、九州地方で騒乱事件を繰り返した。保元の乱では、敗れた崇徳上皇の側で戦ったが、武芸を惜しまれて斬罪を免じられ、伊豆大島《おおしま》に配流された。

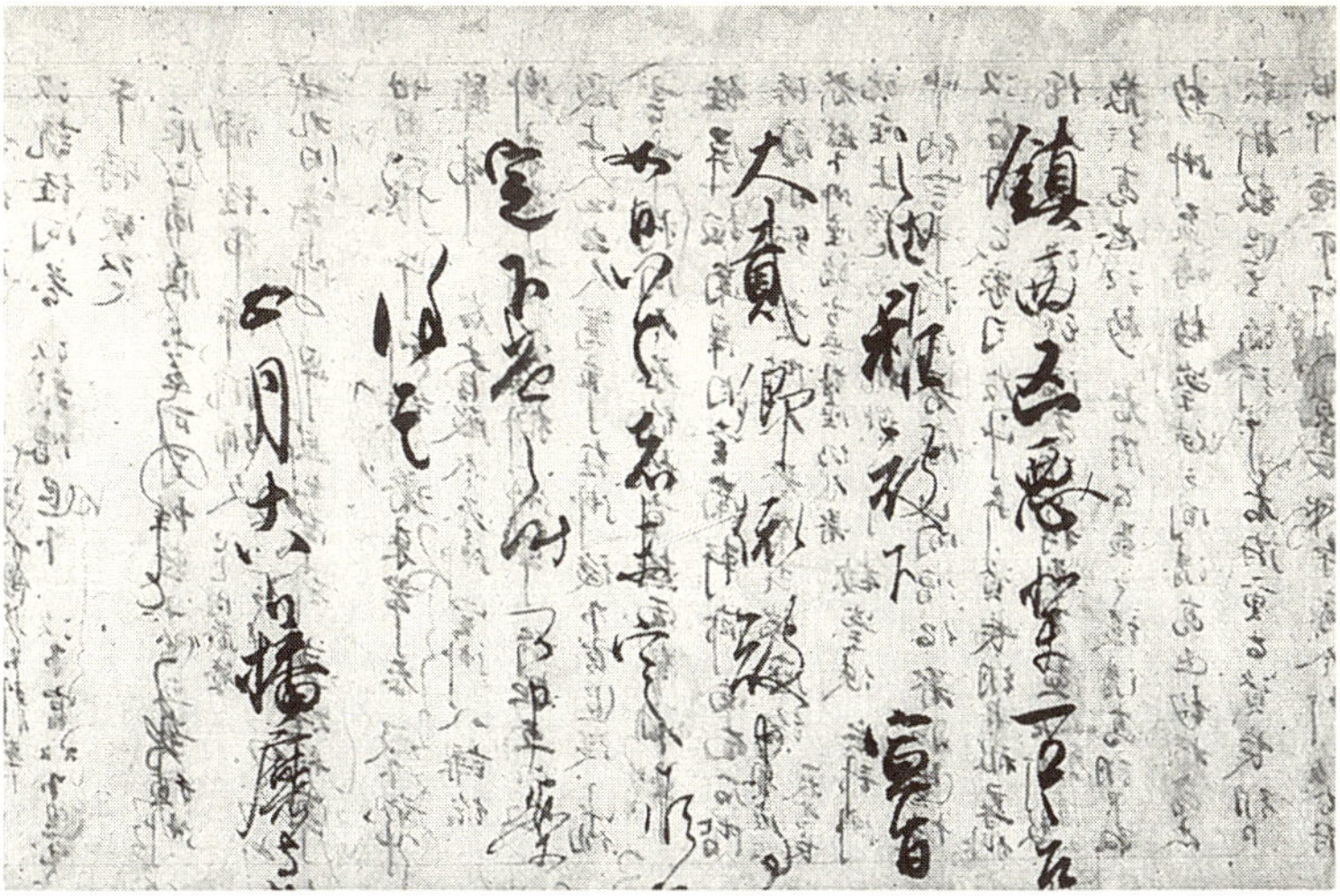

保元２(1157)年正月18日平清盛書状　大宰大弐藤原忠能の要請を受けて，鎮西輩の追討使の派遣を清盛が中止したことがみえている。

清和源氏略系図

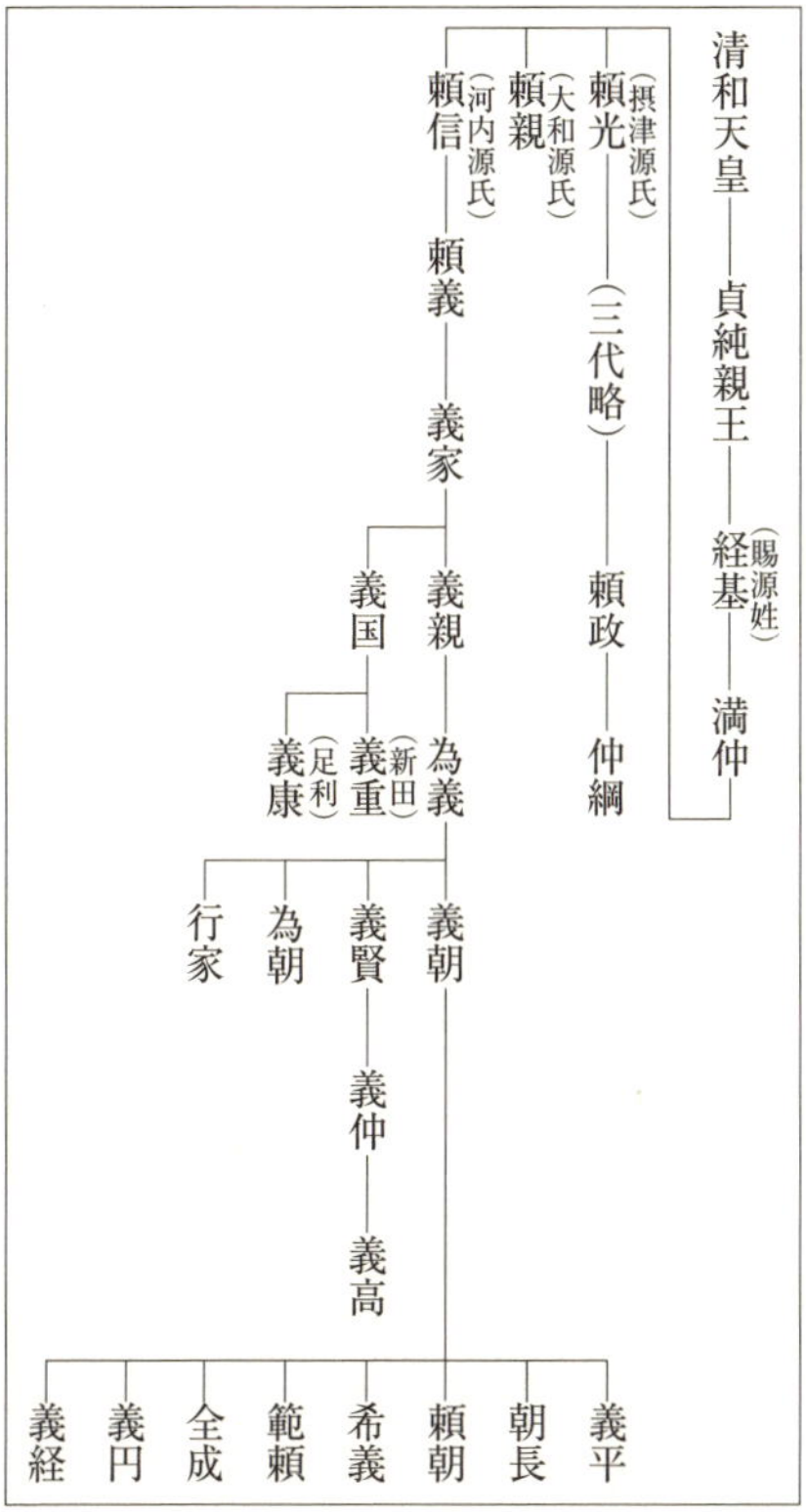

なかったかのようにみる向きもあるが、そのような理解は疑問である。『保元物語』の叙述は義朝や為朝など源氏の武士の奮戦ぶりに焦点をあてたものであり、そもそも清盛の行動はあまり注目されていない。清盛の戦いの「ふがいなさ」も、為朝の武威をきわだたせるものとして強調されたのだといえよう。平氏武士団の嫡流としての地位を安定的に保持した清盛の軍事行動は、功をあせる義朝の奮戦ぶりとは異なる「堅実」なものだったはずであり、軍記物語の叙述対象としてクローズアップされなかったのだろう。

乱後、清盛は勲功賞として播磨守《はりまのかみ》に任官しているが、武家棟梁として「朝敵」を打倒する責務をまっとうしたがゆえの結果である。崇徳に味方する可能性も高かった清盛の参陣によって後白河の勝利は保証されたといえるのであり、後白河がしかるべき恩賞で清盛にむくいるのは当然であった。なお、七月十七日には、清盛の推挙によって清盛の異母弟である頼盛・教盛の昇殿が許されている。

一方、源義朝は恩賞として左馬頭《さまのかみ》の官をあたえられた。このときの義朝が清盛との恩賞の差に不満をもち、それがのちの平治の乱の伏線となったとされているが、それ以前の両者の官歴を比較するならば、客観的には妥当な恩賞であったと評価できるだろう。

保元の乱後の政治情勢と清盛

戦功によって武士としては破格の地位をともにえた清盛と義朝であったが、同時に彼らは一族の武士を失う悲哀を味わうこととともなった。保元の乱は、同じ一族に属する武士が敵味方に分かれた合戦であったために、清盛と義朝は一族の者を謀反人として処罰せねばならなかったのである。ただし、義朝が父為義など多くの源氏一族の命を奪い、あるいは配流《はいる》させたのに対し、清盛は叔父忠正を斬罪に処したのみで乱を乗りきることができた。忠正は長く藤原頼長に仕えており、子の長盛《ながもり》が崇徳の蔵人《くろうど》であったために、保元の乱では清盛に敵対する側にまわっていた。結果的に一門の団結をほぼ維持しながら合戦に臨むことができた結果、義朝の源氏武士団に比して、清盛たち平氏武士団の痛手は小さい規模にとどまったのであった。

後白河は、保元の乱後に親政をしいたあと、一一五八(保元三)年の二条天皇への譲位後は院政を開始し、荘園整理令を含む新制《しんせい》▲発布・記録荘園券契所《けんけいしょ》▲の設置・大内裏《だいだいり》再興・神人や悪僧に対する統制といった政策を積極的に展開した。

後白河が政治を進めるうえでは、信西が大きな役割を果たしている。信西は俗名を藤原通憲《みちのり》といい、藤原氏南家《なんけ》の流れをくむ学問の家に生まれた人物である。彼は当代を代表する優秀な学者で、初め鳥羽上皇に仕え、後白河の即位後は、妻の藤原朝子《あさこ》(紀伊二位《きいのにい》)が後白河の乳母であった関係から破格の重用をされ、この時期の後白河の政治の実相に対しては「信西政権」という評価も存在するほどである。

保元の乱後の清盛もまた、後白河の政治を支える役割を果たしている。一一五八年八月五日に清盛の次男である基盛が大和守となり、父の清盛は知行国主の地位をえたが、摂関家の定めを破って興福寺の寺僧領にも強硬な姿勢で臨み、大和国の国検《こっけん》(一国規模の土地検注《けんちゅう》)を遂行している。国検そのものは、七月の興福寺大衆の蜂起によって下向《げこう》した官使が京に逃げ帰るという結果を招き最終的に頓挫するのであるが、このときの清盛の動きは、後白河上皇の進める荘園整理政策に基づくものであった。

▼**新制**　公家法《くげほう》の一形態。十世紀半ばから制定が始まり、十四世紀まで発布がみられた。天皇・上皇の意志に基づく特別立法で、公卿たちの議をへて太政官符《だじょうかんぷ》・官《かん》宣旨《せんじ》の形式で発せられた。伝統遵守や弊害是正などを目的とし、具体的には奢侈《しゃし》禁令・荘園整理などを内容とした。

▼**記録荘園券契所**　荘園整理を目的に朝廷がおいた機関。太政官の公卿・弁《べん》・史《し》を構成員とした。一〇六九(延久《えんきゅう》元)年の後三条天皇によるものが最初。その後、天《てん》永《えい》年間(一一一〇〜一三)・保元年間(一一五六〜五九)に設置され、文治《ぶんじ》年間(一一八五〜九〇)以後は、朝廷の訴訟裁定機関となり建武《けんむ》政権に継承された。

▼大宰府　令《りょう》制の定める地方特別官庁。筑前《ちくぜん》国におかれ、西海道（九州）諸国と朝廷との連絡取次ぎ・外交使節の接待・防人《さきもり》の指揮などを職掌とした。九世紀以降、長官である帥《そち》は親王が任じられる名誉職となり、権帥《ごんのそち》・大弐が実質的な長官となった。

二条天皇像（『天子摂関御影』）

一一五八年八月十一日に上皇となった後白河の最初の院司《いんし》補任では、清盛は院庁別当に任命され、以後、後白河の院政を支えていくこととなる。

なお、同年八月十日に清盛は大宰大弐《だざいのだいに》となり、大宰府▲の実質的な長官の地位をえて、目代《もくだい》として家人の藤原能盛《よしもり》を派遣している。これは平氏の滅亡の時点まで続く平氏一門と西海道《さいかいどう》の深い関わりの始まりにあたるものである。

後白河の厚い信任を背景に盤石の権力基盤を手にしたかにみえた信西だったが、まもなく彼の立場をあやうくするライバルが出現することとなる。そのライバルとは、藤原信頼《のぶより》である。信頼は鳥羽上皇近臣《きんしん》であった忠隆《ただたか》の子で、父同様に鳥羽の近臣として受領を歴任したのち、男色《だんしょく》関係を通じて後白河より受けた寵愛による破格の昇進をとげ、一一五八年には権中納言にまでのぼりつめた人物である。行政の才に富む信西に対し、信頼はまったくの凡庸《ぼんよう》な人物であったらしく、信西は信頼の排除を後白河に諫言したものの容れられず、後白河が信頼を重用する一方で、後白河の信西に対する信任の度合は弱まっていった。また信頼は源義朝にも接近し、その軍事力を取り込むことをはかっていった。

同じころ、後白河より皇位を継承した二条天皇周辺の勢力、具体的には藤原経宗《つねむね》・藤原惟方《これかた》といった人物たちの勢力も台頭していた。関白藤原基実《もとざね》の補佐をえた二条天皇は、即位当初より政治に意欲をみせ、ともすれば父後白河の存在を差しおきかねない姿勢をみせており、そのような二条の側近が力を伸ばすこともまた、後白河の院政を自己の権力の正統性の源とする信西の立場をおびやかすものであった。

　しだいに孤立の度を深める信西は、朝廷政治の実権を掌握してわずか三年あまりののちに、ついに反対勢力の挙兵という事態に直面することになる。

平治の乱

　一一五九(平治《へいじ》元)年十二月四日、清盛は熊野参詣のために都をあとにした。これを好機として、九日に藤原信頼の命を受けた源義朝の軍勢が、後白河上皇の御所《ごしょ》である三条殿を襲撃し、後白河と上西門院《じょうさいもんいん》▲を連れ去って内裏のなかの一《いっ》本御書所《ぽんごしょどころ》に幽閉したのである。信頼の目的は、二条天皇の側近である経宗・惟方と提携して、信西を打倒することであった。完全に孤立した信西は、宇治田《うじた》原《わら》に逃れたあと、前途を悲観して自害して果てる。土中に埋められた信西の遺

▼**上西門院**　一一二六〜八九年。鳥羽天皇の第二皇女。母は待賢門院藤原璋子。名は統子《とうし》。一一五八(保元三)年に後白河天皇の准母《じゅんぼ》として皇后となり、五九(平治元)年に院号宣下《せんげ》を受けた。源頼朝が蔵人に任じられている。

体は義朝方の武士によって掘りだされ、その首は京の獄門《ごくもん》にさらされている。信西は子の成範《なりのり》を清盛の女婿としていたが、この事件の前後の状況をみるかぎり、信西が清盛を頼った形跡はうかがえない。信西にとって、政敵に対抗するために清盛の軍事力に依存することも可能であったはずだが、清盛と行動をともにする姿勢をみせぬまま、文字どおり孤立無援の状態で滅び去ったのである。

熊野に向かう清盛は、十二月十七日に紀伊《きい》国田辺《たなべ》宿(一説に切部《きりべ》宿)で京の異変の報に接した。わずか一五騎ばかりの手勢しかもたない清盛は、都の治安を維持する役割を果たすことに不安を感じ、初め九州あるいは四国に逃れて体制を立てなおそうと考えていた。古くは清盛の行動に関して、信頼と義朝の行動を誘うために、わざと少数で京を離れたという理解も存在したが、清盛の周章《しゅう》狼狽《しょうろうばい》ぶりは事実と思われ、そのような理解は成り立たないと判断される。

清盛の立場は、基本的に信西と信頼の政治対立とは無縁であったといえよう。それはともあれ、朝廷の守護者たるべき自分の留守中に京で戦乱が起きたことに清盛は大きな衝撃を覚えたはずである。焦燥感をつのらせる清盛に救いの手を差し伸べたのは、三七騎の手勢を同道してきた湯浅宗重《ゆあさむねしげ》▲および甲冑《かっちゅう》七領を清盛に進上した熊野別当湛快《たんかい》▲といった紀伊国の有力者であった。このあと、宗重は清盛の郎党として活躍し、熊野別当湛快も平氏との結び付きを強めていく。さらに伊勢国の住人が加勢のために入京したとの報を受けた清盛は、ふるって京へ戻ることとなった。

　京にはいった清盛がまずとった行動は、政争の当面の勝者となった信頼に従順な立場を表明したことであった。清盛は、信頼へ敵対する意志がないことを示すために、家貞を使者に立てて信頼に名簿を提出し、十二月十八日には、信頼の子である信親《のぶちか》に家人を護衛につけて父のもとに送り届けている。ちなみに『古事談《こじだん》』▲巻四には、このときに護衛の役をつとめた難波経房《なんばつねふさ》・館貞安《たてさだやす》・平盛《もり》信《のぶ》・伊藤景綱のようすをみた義朝が、その「一人当千《いちにんとうぜん》」ぶりに感服し、とても敵対できる相手ではないとの感慨をいだいたという話がみえている。

　清盛が信頼へ従順な態度をとったことは、結果的に信頼・義朝方の油断を誘い、彼らの敗北の要因となった、みごとな策略であったという評価が可能である。ただし、二条と後白河を「人質」にとられた段階でのやむをえない行動であ

▼**湯浅宗重**　生没年不詳。平安末期から鎌倉《かまくら》初期の武士。父は藤原宗良《むねなが》。紀伊国の武士団である湯浅党の祖。平氏家人となったが、平氏滅亡後は源頼朝に帰順し、御《ご》家人《けにん》に列せられた。

▼**湛快**　一〇九九〜一一七四年。平安時代後期の僧侶。父は熊野別当長快《ちょうかい》。修験道《しゅげんどう》に通じた。一一四六(久安二)年に熊野別当となり、たびたび鳥羽上皇・後白河上皇の熊野御幸《ごこう》の先導をつとめた。

▼**『古事談』**　鎌倉時代初期に成立した説話集。六巻。編者は源顕《あき》兼《かね》。王道后宮《おうどうこうぐう》・臣節《しんせつ》・僧行《そうぎょう》・勇《ゆう》士《し》・神社仏寺・亭宅《ていたく》諸道といった編目構成をもち、中世の説話集に大きな影響をあたえた。

ったのかもしれず、あるいは清盛の信頼への忠誠は、実質的には二条天皇に対して示されたものだったのかもしれない。

清盛が態勢を立てなおして六波羅にはいると、信頼が擁する二条天皇の側近に狼狽の動きがみられはじめた。清盛はその機を逃さず、藤原経宗・藤原惟方と連携して、天皇を六波羅に行幸《ぎょうこう》させることに成功する。また、後白河上皇までもが幽閉を逃れて仁和寺《にんなじ》に移ったため、信頼・義朝はみずからの政権の正統性を保証する旗印を失い、完全に孤立してしまった。内裏に残された信頼・義朝は、追討宣旨を受けた清盛の攻撃を受け、義朝の長男である義平《よしひら》の奮戦によって一時的に清盛の撃退に成功はしたものの、援軍として期待していた源頼政《よりまさ》が兵を動かさなかったため、結局は六条河原《ろくじょうがわら》の戦いで敗れてしまう。

ところで、『平治物語』▲の流布本には、このときの合戦で臆病になった清盛が兜《かぶと》を前後さかさまにつけたという逸話がみえる。しかし古態本である学習院大学所蔵本(九条家《くじょうけ》旧蔵本)には、そのような清盛の逸話はみえていない。すなわち『平治物語』の諸本の形成過程のなかで、合戦の場の清盛を不名誉な形で描く叙述が加えられていったのである。清盛の華々しい戦いぶりが『保元物語』にみ

▼**『平治物語』**　平治の乱を叙述対象とする軍記物語。三巻。鎌倉時代初期の成立と推定される。しばしば『保元物語』と対で伝存する。多くの諸本のなかでもっとも流布した金刀比羅宮《ことひらぐう》本系は、琵琶法師《びわほうし》の語り物の性格が強く、史実の歪曲がみられる。

えないことも前述したが、そもそも軍記物語の生成と展開の過程には、清盛の存在を矮小《わいしょう》化《か》させようとする方向性があったことが指摘できるのであり、清盛の実像を知るために軍記物語を用いる際には、特別な注意が必要である。ちなみに、より実録性の強い『愚管抄』には、このときの合戦に臨む清盛の雄姿が描かれており、軍記物語の叙述の作為性との対比を確認することができる。

清盛の栄達

　このいわゆる平治の乱の結果、信頼は斬首され、東国をめざして逃亡した義朝は尾張国野間《のま》で長田《おさだ》忠致《ただむね》（義朝の家人である鎌田《かまた》正清《まさきよ》の舅《しゅうと》）の裏切りにあい殺害される。義朝の三男である頼朝《よりとも》▲が、藤原宗子（池禅尼）の助命嘆願によって一命を救われ、伊豆《いず》国に流されたことはよく知られた話であろう。宗子が助命を願った理由は、早生した実子家盛の容貌が頼朝のそれに似ていたからとされるが、それが事実ならば、清盛には父の正室とその実子をはばかる思いが強かったといえるのではないだろうか。

　平治の乱は、源氏と平氏のあいだで戦われた合戦であり、その意味でこの合

▼**源頼朝**　一一四七〜九九年。鎌倉幕府初代将軍。父は源義朝。母は熱田《あつた》大宮司藤原季範《すえのり》の女《むすめ》。以《もち》仁王《ひとおう》令旨《りょうじ》に応えて一一八〇（治承四）年に伊豆で平氏打倒の兵をあげ、平氏滅亡、弟である義経《よしつね》の追討、奥州《おうしゅう》合戦による奥州藤原氏の滅亡といった過程をへて、鎌倉に本拠をおく軍事政権を確立させた。

戦にのちの治承《じしょう》・寿永《じゅえい》の合戦のイメージをだぶらせ、清盛と義朝の確執を乱の背景ととらえる通俗的理解がある。だが、前述したように、平治の乱の状況を詳細にみれば、清盛は乱前夜の政治抗争とはほとんど無関係であったといわねばならず、したがって清盛と義朝のあいだに対立関係をみいだすことは困難である。とはいえ、平治の乱の顚末が、頼朝たち源氏武士に清盛への復讐の念をもたらし、二〇年余りあとの「源平合戦」の背景となったのは事実である。

十二月二十九日、二条天皇は六波羅の清盛邸から養母美福門院の八条《はちじょう》邸に移り、清盛もこれに供奉した。またこの日、平治の乱の論功行賞としての除目《じもく》で清盛一門の者たちが多く受領に任官した。これは清盛のもつ知行国の増加を反映しており、平氏の経済力はより大きなものとなった。

明くる一一六〇(永暦元)年になっても、引き続き平治の乱の余韻ともいうべき事態は続いた。二月二十日に、清盛の郎等忠景《ろうとうただかげ》・為長《ためなが》が二条天皇の有力な側近である藤原経宗・藤原惟方を捕え、内裏の陣頭に行幸した後白河の車の前で体罰を加えたうえで、二十八日に解官《げかん》したのち、配流の処分をくだしたのである。この出来事の直接の要因は、経宗・惟方が八条堀河《ほりかわ》藤原顕長《あきなが》邸にいる後白河の桟敷《さじき》を材木で封鎖するという行為におよんだため、後白河が泣いて清盛に二人の処罰を訴えたことであるが、経宗・惟方の二人は、最終的に平治の乱の責任をこのような形でとらされたと考えられる。後白河は、清盛の力を借りて平治の乱のけじめをつけたということができよう。

ちなみにこのとき、惟方の有した武蔵国知行国主の地位は清盛に移り、平氏にとって重要な東国支配の足がかりがえられることとなった。さらに六月には、二条天皇の側近である美濃源氏の光保《みつやす》・光宗《みつむね》が謀反の疑いをかけられて薩摩《さつま》に流され、平氏の軍事面でのライバルが朝廷より一掃された。以上の出来事は、後白河方による二条方勢力を一掃する動きと理解できるだろう。

六月二十日、二条天皇を六波羅に行幸させたことを「殊《こと》なる功」（特別な功績）として賞され、清盛は越階《おっかい》して正三位《しょうさんみ》となり、武士としてはじめて公卿の座に列し、さらに八月十一日には参議《さんぎ》、九月二日には右衛門督《うえもんのかみ》に任じられている。いうまでもなく、平治の乱での清盛の働きにむくいた恩賞であるが、二条天皇に近い勢力に打撃をあたえたあとの清盛の破格の昇進ぶりには、清盛を厚く信頼する後白河の意志がとくに強く反映したとみることもできよう。

②—王権への奉仕者の栄光と苦悩

後白河と二条に奉仕する清盛

平治《へいじ》の乱《らん》後の清盛の動向に関して興味深いことは、けっして後白河《ごしらかわ》のみに奉仕していたわけではなく、後白河とのあいだに潜在的対立の要素がみられる二《に》条《じょう》天皇との関係の維持にも十分に配慮している点である。参議《さんぎ》となった清盛の行動をみると、公卿《くぎょう》たちの要求事項を二条天皇に取り次いだり、除目《じもく》の聞《きき》書《がき》▲を二条天皇より送付されたりしている。二条天皇は、その政務運営に清盛の意志や行動を反映させていたのである。

二条天皇への奉仕という点では、清盛の正室時子《せいしつときこ》の役割をみのがすことができない。時子は、桓武平氏《かんむへいし》流のなかで文筆官僚を輩出した高棟王《たかむねおう》の流れにあたる時信《ときのぶ》を父とし、のちに二位尼《にいのあま》と称される女性である。時子は、二条天皇の養母である美福門院《びふくもんいん》の指示によって二条の乳母《めのと》となり、二条と清盛のつながりを強める役割を果たした。一一六〇(永暦《えいりゃく》元)年十二月十五日に、二条天皇の八《や》十島使《そしまのつかい》▲の典侍《ないしのすけ》を時子がつとめているのは、天皇乳母としての彼女の立場に

▼**除目の聞書**　官職の補任者《ぶにんしゃ》を定める政務である除目の結果を記したもの。

▼**八十島使**　天皇が即位後に摂津国難波津《なにわのつ》で行われた八十島祭《まつり》の使。内侍所の次官である典侍が使をつとめ、宮主《みやじ》・御巫《みかんなぎ》などを同行して、天皇の衣や天皇が息を吹きかけた麻を用いて天皇のための禊《みそぎ》を行った。即位した天皇の乳母がつとめるのが通例。史料上の初見は八五〇(嘉祥《かしょう》三)年で、鎌倉《かまくら》時代初期に廃絶。

▼**初斎院除目**　伊勢および賀茂《かも》に奉仕する斎院に卜定《ぼくじょう》された女性が、一年から二年にかけて不浄を避けて籠る場所を初斎院と呼び、その設営に必要な職員を任命する政務。

よるものである。かつて信西《しんぜい》は、後白河の乳父《めのと》(乳母の夫)として権勢をふるったが、清盛の場合も信西と同様な形で、二条との強いつながりを保っていたのである。一一六一(応保《おうほ》元)年四月一日の初斎院除目《しょさいいんじもく》▲では、清盛は公卿たちの所望を二条に取り次いでいる。

以上のような後白河と二条の両者に奉仕する清盛の動向に関して『愚管抄《ぐかんしょう》』は、「よくよく謹みて、いみじくはからいて、あなたこなたしけるにこそ」(巻五)すなわち「用心し、よく配慮して、後白河と二条の双方に心を配っている」と、的確な叙述をしている。後白河上皇と二条天皇という二人の権勢者の双方に奉仕の姿勢を示す点は、バランス感覚を大切にする政治家清盛の面目躍如といえよう。

清盛の政治的立場が、けっして一方的に後白河に加担するものでなかったことを如実に示す事件が起こる。一一六一年九月十五日、後白河の皇子で二条天皇の弟にあたる憲仁親王《のりひとしんのう》(のちの高倉《たかくら》天皇)を立太子《りったいし》させようとする企てが発覚し、平教盛《のりもり》・平時忠《ときただ》(清盛室時子の兄)が処罰されたのである。憲仁は時忠の妹にあたる建春門院滋子《けんしゅんもんいんしげこ》が産んだ皇子であり、教盛と時忠の目論見が、天皇の外戚《がいせき》の立場をえて「平氏の栄華」を実現することであったことは疑いない。だが、清盛はこの企てを支持せず、あくまで二条天皇を擁護して教盛と時忠を処断したのである。

この事件の結果、後白河の院政《いんせい》は停止された。後白河上皇《じょうこう》も責任の一端を背負わされたのである。それまでの朝廷《ちょうてい》政治のありようは二条・後白河の共同執政というべきものであったが、以後は二条天皇の単独執政となり、九月三十日に清盛は、二条天皇より五節舞姫《ごせちのまいひめ》▲献上について諮問を受けている。

少し時間は前後するが、一一六一年正月二十三日に清盛は検非違使別当《けびいしべっとう》となり、朝廷の主要な警察力を掌握していた。ちなみに前任の別当は前年に解官《げかん》された惟方《これかた》である。一一六二(応保二)年正月九日に清盛は、右衛門督《うえもんのすけ》・検非違使別当を辞す意志を二条天皇に示し、閏《うるう》二月九日になってその願いが斥けられているが、二条の政治を支えている清盛の両職の辞意は本音でなかったとみるべきだろう。

清盛の朝廷政務への関与も引き続きみられ、三月七日に藤原経宗《ふじわらのつねむね》の配流地《はいるち》からの召還について、蔵人《くろうど》藤原重方《しげかた》が二条の仰せを後白河・清盛・藤原忠通《ただみち》の

▼**五節舞姫**　新嘗祭《にいなめさい》の翌日にあたる十一月中辰日《なかのたつのひ》の豊明節会《とよあかりのせちえ》で五節舞を行う女性。公卿や国司《こくし》が召しだした未婚の少女が、雅楽《ががく》寮《りょう》で舞を教習して節会に臨んだ。

順で伝えている。軍事警察の問題だけでなく、朝廷政治一般の分野で大きな存在感を示すようになった清盛は、九月十三日に権中納言《ごんのちゅうなごん》に昇進している。

一一六二年三月二十八日に二条天皇の里内裏《さとだいり》▲である押小路《おしのこうじ》東洞院《ひがしのとういん》邸の新造がなると、清盛一門《いちもん》はその警護の任に就いている。この内裏警護に関しては、のちの大番役《おおばんやく》の起源とする理解と、これを否定して二条と後白河の政治対立が存在する特殊状況下における異例の武力警護とする見解が存在する。直接的契機の説明については後者の理解が妥当であるが、非常時の警戒態勢が恒常的な警備体制に移行していくという流れとして、このときの措置を内裏大番役(ひいては鎌倉幕府《かまくらばくふ》の京都大番役▲)という制度の起点におく理解も成り立つと考えたい。

これらのような二条への清盛の奉仕に関して『愚管抄《ぐかんしょう》』は、後白河の世となることに清盛が警戒したからであるという解説を加えているが、後白河と清盛の対立軸からのみ政治情勢を説こうとする慈円《じえん》の理解は、のちの歴史の推移に影響された狭小なものといえよう。清盛は、一一六二年四月十一日に関白《かんぱく》藤原基実《もとざね》とともに後白河より除目に関して諮問を受けていたり、十二月には、備前《びぜんの》

藤原基実像(『天子摂関御影《てんしせっかんみえい》』)

▼**里内裏**　平安宮《へいあんきゅう》の外にあたる臣下《しんか》の私邸に設けられた一時的な天皇御所。平安宮をさす大内裏に対する称。

▼**京都大番役**　鎌倉幕府が御家人《ごけにん》に課した内裏・上皇御所の門を警護する役目。承久《じょうきゅう》の乱後に制度として確立した。侍所《さむらいどころ》・六波羅探題《たんだい》の指揮のもとで、守護《しゅご》による国単位または惣領《そうりょう》による一族単位でつとめられた。

▼**蓮華王院**　後白河上皇が一一六四(長寛二)年に法住寺殿《ほうじゅうじどの》内に創建した天台宗寺院。一〇〇一体の観音《かんのん》像を安置する本堂は三十三間堂《さんじゅうさんげんどう》の名で知られている。

蓮華王院(三十三間堂。京都市東山《ひがしやま》区)

国《くに》の知行国主《ちぎょうこくしゅ》としてえた財力によって後白河のために蓮華王院《れんげおういん》▲を造営したりしているように、後白河への奉仕をおこたっていたのではけっしてなかった。父同様に譲位後に院政を進めようとしていた二条天皇が、清盛たち平氏一門の軍事力と政治力に依拠する姿勢をみせ、王権の守護の役目を担う清盛がそのような二条の期待に応える行動をとったことは当然というべきであり、この時点で後白河と清盛の政治対立を強調することは、少なくとも清盛の政治姿勢に関する理解としては史実に合致しない。

八月二十日に従二位《じゅにい》にのぼった清盛は、九月二十三日に検非違使別当・右衛門督を辞した。王権《おうけん》擁護の責務を果たすうえで、清盛はもはやこの二つの地位に固執する必要はなくなったのであろう。

二条天皇執政期における清盛の動向としては、摂関家《せっかんけ》への接近をはかったことが注目される。一一六四(長寛《ちょうかん》二)年四月に清盛は、関白藤原基実を娘盛子《せいこ》の婿にとり、その後、平氏一門の者たちを摂関家政所《まんどころ》の家司《けいし》に送り込んでいく。清盛自身の意図は、摂関家との連携を強めることで一門の政治基盤の安定化をはかることにあったが、皮肉なことに、摂関家との縁を強めたことがのちの清盛たちの政治的立場をあやうくしていくこととなる。

摂関家と清盛

一一六五(永万元《えいまん》)年六月にわずか二歳の六条《ろくじょう》天皇に譲位し、上皇となっていた二条が七月二十八日に没した。八月七日の蓮台野《れんだいの》における二条の葬儀で、墓所の四方の門にかける寺の額の序列をめぐって延暦寺《えんりゃくじ》と興福寺《こうふくじ》のあいだで騒動が起こる。興福寺の僧が延暦寺の額を切って落とす挙にでたため、延暦寺は報復として興福寺の末寺《まつじ》である清水寺《きよみずでら》を焼き払うという事態に発展してしまった。『平家物語《へいけものがたり》』巻一「額打論《がくうち》」に詳しい顚末が語られており、延暦寺の行動は後白河による平氏追討のためのものとする噂《うわさ》が立ち、後白河自身が当惑したという話がみえる。

前章で述べたように、すでに若き日の清盛が延暦寺強訴《ごうそ》という問題への対処の困難さを体験していたが、このときの出来事もまた、対延暦寺対策が後白河との対立の契機となることを清盛に知らしめるものであったろう。事実、のちの清盛と後白河の政治的決裂には、直接に延暦寺がかかわることとなるのであ

藤原基房像（『天子摂関御影』）

る。

一一六五年八月十七日に、清盛は権大納言《ごんのだいなごん》となった。この人事は、幼い六条天皇にかわって執政する婿の基実の立場を支えるためのものと考えられる。ところが、その肝心の基実は、明くる一一六六（仁安《にんあん》元）年七月二十六日に赤痢《せきり》で没してしまった。清盛は、二条に続いて政治的後ろ盾を失ってしまったのである。『愚管抄』（巻五）には基実を失ってなげき悲しむ清盛のようすが描かれている。

基実の子の基通《もとみち》はまだ幼かったため、後白河の院政が復活し、七月二十七日に基実の弟である基房《もとふさ》が六条天皇の摂政《せっしょう》となった。このような状況のなか、清盛の力をえることで政権が安定することを過去の経験から十分に理解していた後白河は、平氏一門と深い縁をもつ憲仁親王（高倉）を皇位につけることで、清盛との政治的提携をふたたび確立する道を選んだ。すでにふれたように、平時忠と平教盛が憲仁の皇位継承を試み挫折したことがあったが、二条天皇がなくなった時点で、清盛にとっても憲仁親王の皇位継承に反対する理由はなかった。

すでに前年の一一六五年十二月二十五日に憲仁は親王宣下《せんげ》を受け、清盛は親王家の勅別当《ちょくべっとう》となっていたが、六六年十月十日の憲仁親王立太子後は、清盛は東宮大夫《とうぐうだいぶ》となった。また東宮坊の職員に平氏一門の多くがはいり、重盛《しげもり》の妻である大納言典侍（藤原成親《なりちか》の妹）が憲仁の乳母となった。

ところで前述したように、後白河が清盛に期待した事柄には、軍事力のほかに経済力があった。古くより経済面で院政を支える桓武平氏の動きはみられたが、御願寺《ごがんじ》▲の造営などの事業を進める後白河に奉仕するために、清盛にはとくに強大な経済力が求められた。「平氏の栄華」を示す際に必ず言及される大規模な荘園《しょうえん》と知行国の集積の背景に、このような事情があったことは無視できない。

そのような状況において清盛の目が向けられたのが、摂関家とその経済力であった。清盛は娘の盛子を基実の室《しつ》としており、さらに基実の子基通の室にも娘の寛子《ひろこ》をいれることで、平氏は摂関家との姻戚《いんせき》関係を強めていた。基実の没したあとに後白河の院政が復活したことで、摂関家の政治力はやや弱まっていたが、莫大な規模の荘園と知行国を保有する摂関家の経済力は変わることなく磐石《ばんじゃく》であった。清盛は、摂関家の立場が弱まった機を利して、その経済力を平氏一門が実質的に掌握することを意図したのである。

▼**御願寺**　勅願寺《ちょくがんじ》とも。天皇・上皇など身分の高い者の願によって建立《こんりゅう》された寺院。

このような方策を清盛に提言したのは、藤原忠通の家司であった藤原邦綱《くにつな》である。邦綱は次のように清盛に説く。基実の弟である基房による摂関家領の伝領には疑問があり、基実の嫡子である基通が継承することが正当であるのだから、基通が成長するまでのあいだは基実の後家《ごけ》盛子が継承し管理すべきである、と。

この提言は、盛子の父である清盛に摂関家の実質的な支配権があたえられることを意味し、それは現実のものとなる。一一六六年九月二十七日、清盛は家《け》人《にん》の藤原能盛《よしもり》を通じて、摂関家の家司である平信範《のぶのり》に摂関家領三河《みかわ》国志貴荘《しきのしょう》▲下条《しもじょう》の知行を指示し、信範をおおいに喜ばせているが、能盛は盛子の政所別当でもあり、盛子の家政機関を介した清盛による摂関家領の差配が実現していることがわかる。この時代における先代の家長《かちょう》の正室がもつ家政支配権限は、きわめて大きなものだった。その点に着目した邦綱のアドバイスは清盛にとって実に貴重なものとなり、平氏の経済力はさらに肥大化していったのである。

▼**志貴荘**　三河国碧南《へきなん》郡に立てられた近衛《このえ》家《け》領荘園。現在の愛知県安城《あんじょう》市・碧南市・高浜《たかはま》市・岡《おか》崎《ざき》市の一部にあたる。十一世紀前半に三河守藤原保相《やすすけ》が私領を藤原頼通《よりみち》に寄進《きしん》したことが立荘の起源。平安時代末期に上条《かみじょう》・下条に分かれた。

清盛と平氏の栄華

一一六六(仁安元)年十一月十一日に清盛は内大臣《ないだいじん》となった。院近臣者《いんのきんしんしゃ》の大臣昇進および武士身分の大臣昇進という二つの意味で空前の人事である。一族の地位も連動して上昇し、十一月十三日に清盛の四男である知盛《とももり》が武蔵守《むさしのかみ》となり、十二月二日に憲仁親王の東宮大夫に清盛の嫡子重盛が任じられている。武蔵国は清盛の知行国となっていたと推定され、また東宮大夫の前任も清盛であり、清盛の権力を一門が継承する体制の成立状況をみることができる。

そして一一六七(仁安二)年二月十一日、清盛は従一位《じゅいちい》太政大臣《だいじょうだいじん》に昇進するとともに、随身兵仗《ずいじんへいじょう》▲・輦車宣旨《れんしゃのせんじ》▲を受け、まさに「位人臣《くらいじんしん》をきわめる」こととなった。二月二十五日に清盛は厳島社《いつくしましゃ》を参詣しているが、太政大臣任官《にんかん》を報告することがその目的であったのだろう。ちなみに清盛たち平氏一門は一一六四(長寛二)年以降、一門の繁栄を願って経巻《きょうかん》を厳島社に奉納するようになっており、このときも奉納がなされている。工芸技法を凝らした華麗な装飾がなされ、現在「平家納経《へいけのうきょう》」として国宝に指定されているそれら経巻は、平氏の財力の大きさと厳島への信仰の厚さを現代に伝えている。

▼**随身兵仗**　高貴な身分の者につけられた警衛の武士。平安時代に制度として確立された。

▼**輦車宣旨**　人が引行する輦車の使用に対する天皇の許可を伝える文書。

それまでの官職の沿革に照らすと、令制《りょうせい》の定める最高位の官である太政大臣への任官には、実権をともなわない名誉職の付与としての性格が強かったが、こと清盛に関していえば、かなり事情は異なるといえよう。すなわち、多くの官職を占めることが予想される清盛一門にふさわしい高い家格があたえられたものとして、単なる権威ではなく、政治的権限に相応する実質的な意味をもったものとみることができるのではないか。

五月十日に清盛の嫡子である大納言重盛に東海道《とうかいどう》・東山道《とうさん》・山陽道《さんよう》・南海道《なんかい》の盗賊追捕《ついぶ》の権限があたえられているが、この権限は清盛の有した公的な軍事権限を表現したものであり、清盛の立場の子孫への継承が公式に認められたことを意味する。そのような権力世襲の時期を選んで、清盛の太政大臣就任が実現したのであろう。清盛が太政大臣に任官したことで「一天四海《いってんしかい》」を掌握し天下をとったとする『平家物語』の記述は、単なる誇張ではなく、それなりの事実をいいあてたものと評価することができよう。

五月十七日に清盛は太政大臣を辞したが、十二月二十三日には、除目・叙《じょ》位《い》・僧事《そうじ》▲について後白河から意見を求められており、引き続き後白河の院政の

▼**僧事**　僧官を任命する政務。俗人の除目に相当する。

意志決定に参与している。また清盛は、公卿議定《ぎじょう》における時忠の発言をとおして、後白河の意志決定にみずからの主張を反映していた。そのような清盛の権限は、娘盛子の摂関家との婚姻関係によって清盛が摂関家の「大殿《おおとの》▲」と同様の立場をえていたと理解されることで、同時代人には一応の了解をえられるものだったのではないだろうか。

福原への「隠遁」

嫡子重盛への家長継承の道筋を整えながら、清盛の朝廷政治への関わりがしばらくは続くと思われた矢先の一一六八(仁安三)年二月、清盛は病魔に襲われてしまう。清盛の病は「寸白《すばく》」(寄生虫による疾病)とされている。当然ながら、清盛の病の報は朝廷内に大きな動揺を走らせ、九条兼実《くじょうかねざね》はその日記(『玉葉《ぎょくよう》▲』)に「天下大事」との記述を残している。

多くの人が六波羅《ろくはら》の清盛の病気見舞いに訪れるなか、奇しくも太政大臣就任のちょうど一年後にあたる二月十一日に、清盛は出家して法名清蓮《じょうれん》を名乗った(のちに静海《じょうかい》)。導師《どうし》をつとめたのは天台座主《てんだいざす》の明雲《みょううん》▲であり、これ以後、清盛

▼大殿　広義には、家の当主の父に対する尊称であり、摂関家の場合、摂政または関白の父を示す語である。多くの場合、健在である大殿が摂関家の実質的家長の立場にあった。

▼『玉葉』　九条兼実の日記。一一六四(長寛二)年から一二〇三(建仁《けんにん》三)年までの記事が若干の欠損部を除いて伝存。平氏の全盛期から源平合戦および鎌倉幕府成立初期の歴史を知るための根本史料。

▼明雲　一一一五〜八三年。平安時代末期の天台宗の僧侶。父は源顕通《あきみち》。天台座主最雲《さいうん》法親王を師とし、一一六七(仁安二)年に天台座主に任じられた。一一七七(治承元)年に、白山社と加賀国司との紛争に巻き込まれて座主職を解任されたが、七九(同三)年に座主職に復した。一一八三(寿永《じゅえい》二)年の法住寺合戦で流れ矢にあたり落命した。

平清盛坐像

福原関係図(元木泰雄『平清盛の闘い』による)　A—B—C—Dが喜田貞吉の和田新京推定案，E—F—G—Hが足利健亮の同推定案。

と山門《さんもん》の親密な関係が始まっていく。なお、清盛正室の時子も同時に出家(二位尼)をとげている。

このとき、清盛周辺の人びとおよび清盛自身は最悪の事態を覚悟したにちがいない。二月十五日に、清盛危篤の報を受けた後白河上皇は六波羅を訪れ、病床の清盛との直接協議によって東宮憲仁の践祚《せんそ》を決定した。これは、万一に備えて、後白河と清盛がともに意中とする人物の皇位継承を確たる事実とするための緊急な対応である。二月十九日に六条は憲仁に譲位し(高倉天皇)、元服《げんぷく》以前に上皇となった。六条は歴史上に時にあらわれる「中継ぎの天皇」の典型といえる。

清盛の病状はなかなか快方に向かわなかったが、一一六八年六月から七月にかけて蔵人頭《くろうどのとう》藤原信範を通じた後白河と清盛のあいだの実務連絡がみられることから、このころまでには清盛は健康を回復させたものとみられる。しかし、いったんは死を覚悟せざるをえないような重病の経験は、清盛に政治の一線から身を引くことを決意させたようである。翌嘉応《かおう》元(一一六九)年正月一日条の『兵範記《ひょうはんき》』の記事は、清盛の六波羅居住を示す最後の史料であり、また福原《ふくはら》に後白河を迎えて千僧供養《せんそうくよう》を行ったことを記す『兵範記』同年三月二十日条裏書《うらがき》および三月二十一日条の記事が清盛の福原居住の初見であることから、清盛の六波羅退去すなわち退隠が、この年の春ごろになされたことが推測できる。

福原は摂津《せっつ》国八部《やたべ》郡の地名で、一一六二(応保二)年に清盛が家人藤原能盛を派遣して、摂津国八部郡の一郡検注《けんちゅう》を実施して福原荘▲を立てたことから平氏との関わりが始まった。その後、清盛は周辺の土地の集積を積極的に進めて、福原の拠点を拡大していった。とくに福原付近に良港の大輪田泊《おおわだのとまり》があったことは、瀬戸内海海運の掌握につとめる清盛には重要な意味をもつものであった。

以後、清盛は福原を「隠遁」の地とするのだが、あとにみるように、清盛は福原の地にいながら引き続き政治力を行使していくこととなる。なお、清盛の嫡子重盛の六波羅居住を示す最初の史料が、『兵範記』の応保二年十一月二十五日条にみえ、家督《かとく》の交替とともに六波羅の住人が入れかわったことも確認することができる。

清盛が重盛に家督を譲った背景としては、重病にかかったこととは別に、一門内での頼盛《よりもり》の存在を指摘することができる。前述したように、家盛《いえもり》や頼盛の

▼**福原荘**　摂津国八部郡に立てられた平家領荘園。現在の神戸市中央区・兵庫区にあたる。平清盛は後白河上皇に寄進してから領家《りょうけ》職《しき》を保有した。平家滅亡後は平家没官領《もっかんりょう》となって鎌倉幕府の領有下にはいり、源頼朝《よりとも》の縁戚関係により九条家《くじょうけ》領となり、ついで一条《いちじょう》家に伝領された。

▼『源平盛衰記』　『平家物語』の諸本の一つ。四八巻。文書史料・和漢《わかん》の故事《こじ》・説話などを豊富に含む特徴をもつ。

ような正室腹の忠盛《ただもり》の子たちは、清盛に対抗しうる立場を有していた。忠盛が伊勢守《いせのかみ》時代に入手した宝剣である抜丸《ぬきまる》が、清盛ではなく頼盛に伝えられて二人は不和になったとする『源平盛衰記《げんぺいじょうすいき》』▲の記事は、そのような両者の関係を象徴するものといえよう。強大な軍事力をもつ頼盛が独自の行動をとることで、世代交代後の平氏一門の結集に乱れが生じることへの清盛の懸念も、重盛への家督継承を急がせる理由となったろう。

そのような清盛の思惑を端的に示したのが、一一六八年十一月二十八日に起きた参議頼盛と彼の長子である尾張《おわり》守保盛《やすもり》の官職罷免という出来事である。罷免の直接の原因は、五節における保盛の受領《ずりょう》としての職務怠慢に対して後白河が激怒したことであった。

後白河に対して清盛は善処を約したものの、結局解官の処分をまぬがれることはできず、十二月十三日の除目では頼盛の家人六人も解官されている。清盛は最終的には後白河の命に従い、頼盛に対する後白河の断固たる措置を支持した。以後、頼盛は清盛の統制下にはいることとなったが、この事件は結果的に家督を継承したばかりの重盛の立場を安定させるものとなった。

後白河近臣との軋轢

一一六九(嘉応元)年十二月に、延暦寺領美濃《みの》国平野《ひらの》荘▲で延暦寺根本中堂《こんぽんちゅうどう》の御油寄人《おんあぶらよりうど》▲をつとめる住人と尾張国藤原家教《いえのり》の目代《もくだい》とのあいだで闘乱事件が発生した。延暦寺は、この事件の責任をとって尾張国の知行国主藤原成親▲を流罪《るざい》に処すことを朝廷に要求した。成親は、後白河より格別の寵愛《ちょうあい》を受けていた近臣である。延暦寺の強硬な訴えに押されていったんは成親の備中国《びっちゅうのくに》配流を決めた後白河であったが、結局この処分を撤回したために延暦寺の衆徒《しゅと》たちは激怒し、強訴の構えをみせた。やむなく後白河は、平氏一門の軍事力で山門に対処することとした。

この事態によってきわめて複雑な立場に追い込まれたのが清盛である。成親は重盛の姻戚にあたり、清盛とは縁ある人物である。もちろん、後白河の命令を無視するわけにはいかないが、山門の勢力と事を構えることの困難さも清盛は痛いほど理解していた。

福原にいる清盛は、明くる一一七〇(嘉応二)年正月十三日に頼盛を、ついで十四日に重盛を呼びよせ、この騒動に関する報告を受け、十七日に福原を離れ

▼**平野荘**　美濃国安八《あんぱち》郡に立てられた延暦寺領荘園。現在の岐阜県神戸《ごうど》町が中心地域にあたる。十二世紀前半に史料に名がみえはじめる。戦国時代にいたるまで、年貢の油を延暦寺の灯油《とうゆ》料としておさめ続けた。

▼**寄人**　荘園領主に隷属してさまざまな課役をおさめることを義務づけられた人びと。

▼**藤原成親**　一一三八〜七七年。平安時代末期の公卿。父は鳥羽上皇近臣の家成《いえなり》。容姿を後白河上皇より愛《め》でられ、上皇の寵臣となった。平治の乱で藤原信頼《のぶより》に連座したり、荘園をめぐって延暦寺に訴えられたりするなどの危機的状況を、ことごとく後白河の助力で切り抜けたが、鹿ヶ谷事件では平氏打倒の謀議の責任を問われて配流され、のちに殺害された。

て上洛《じょうらく》している。清盛のはいった六波羅周辺に多くの武士が集まったことで、朝廷と山門の関係は一触即発の様相を呈したが、清盛の示した姿勢は延暦寺を支持するというものであった。ふたたび成親の処罰に関する審議が進められ、結局は解官処分ということにおさまったが、後白河にとって清盛の態度は裏切りに等しいものであったろう。

二月にはいり、天台座主明雲の毅然とした態度表明によって延暦寺衆徒の動きは沈静化し、騒動は一応の決着をみたが、この間の一連の動きは、平氏一門を指揮する主体が後白河ではなく福原にいる清盛であるという現実を鮮明にし、清盛の陰然たる権力の大きさを改めて示し、同時にそれは、後白河と清盛のあいだに大きな溝をつくりだすきっかけともなったのである。

四月二十日に後白河が東大寺《とうだいじ》に行幸《ぎょうこう》した際、清盛も同行して二人はともに受《じゅ》戒《かい》▲している。この受戒そのものは一一四二(康治《こうじ》元)年の東大寺における鳥羽《とば》上皇・摂政藤原忠実《ただざね》の同時受戒の先例にならっており、清盛の地位が摂関家のそれに匹敵するものであったことを反映しているが、後白河の行動としてみるならば、前年からの騒動の顛末に不満をもったことによる延暦寺に対するあてつ

▼**受戒**　仏教が定める規律をあたえられること。宗派によって内容はさまざまである。

▼**法華八講**　法華経八巻を講じ供養する法会。一日二巻ずつ四日間にわたって行われるのが通例であった。

けとみることもできよう。そのことに思いのいたらぬ清盛ではなかったろうが、従順に後白河と行動をともにするところに、あいかわらず協調を宗とする清盛の政治姿勢があらわれている。

一方で清盛は、女婿であり摂関家の後継者の地位を保証された基通の後見《こうけん》に余念がなく、四月二十二日の基通元服の儀に藤原邦綱をつかわして沙汰をさせ、閏四月四日に行われた基通の元服拝賀《はいが》の儀にも援助の手を差し伸べている。このような清盛の動きに対して、摂関家の「中継ぎの家長」としての地位に甘んずることを余儀なくされた摂政藤原基房は不満をつのらせ、平氏に対する反感は高まるばかりであった。そのような状況を背景とする一つの事件が起きる。

一一七〇年七月三日、法勝寺《ほっしょうじ》での法華八講《ほっけはっこう》▲に向かう藤原基房の一行が平資盛《すけもり》(重盛の子)の一行と出会った際、下馬《げば》の礼《れい》をとらなかったことをとがめて基房の供《とも》の者たちが資盛たちの車を破壊するなどの凌辱《りょうじょく》行為におよんだ。いわゆる殿下乗合《でんかのりあい》事件と称される事件である。基房はただちに資盛の父重盛に謝罪したものの、重盛はおさまらず、十月二十一日になって重盛は、報復として基房の関係者を襲撃している。一見偶発的にみえるこの事件の背景に、平氏に対する基房の不満の高まりがあったことはいうまでもない。

なお『平家物語』には、清盛が基房に対して強い怒りを示したようすが叙述されているが、当時の貴族の日記などの史料によるかぎり、強硬な態度をとったのは清盛ではなく重盛であった。横暴な清盛と思慮深い重盛というプロットに基づく虚構が『平家物語』に構えられていることは明らかだが、摂関家の人物との軋轢《あつれき》に端を発した破滅の道を向かう清盛たち平氏一門の末路を知る後世の人びとには、このような『平家物語』の虚構は受け入れやすいものであり、清盛の通俗的人物像形成につながっていったことには注意が必要である。

一一七〇年九月二十日、清盛は後白河上皇を福原に迎えて宋人《そうじん》に面会させ、また七一(承安《じょうあん》元)年七月二十六日には、中国より渡来した羊《ひつじ》・麝《しゃ》(鹿の一種)などを後白河・建春門院に献上している。上皇と異国の人との会見に対する多くの人びとの嫌悪をよそに、このような形で後白河を歓待したことは、積極的に外国へ目を向ける清盛らしい振舞いであるが、同時にまた後白河との関係を修復しようとする清盛の苦肉の配慮でもあった。

微妙な緊張をはらみながら、表面上は後白河と清盛の良好な関係を示す動きがその後もさらにみられ、一一七一年十一月に、福原が後白河院の所領とされている。また十二月二日に清盛の娘徳子《とくこ》が後白河の猶子《ゆうし》となって、十四日に高倉に入内《じゅだい》し、翌一一七二(承安二)年二月十日に中宮《ちゅうぐう》の地位をあたえられている。同盟関係の維持のために後白河が選んだ方策は、清盛に天皇家外戚の立場をあたえることだったのである。三月十五日に清盛は福原に後白河を招いて千僧供養▲を始めたが、その目的は天皇家外戚の主催する法会《ほうえ》にふさわしく、天皇の守護と天下の安穏を祈願することであった。

なお九条兼実の日記『玉葉』によると、六月ごろになって清盛が盛子の婿に基房を迎えるとの噂が流れている。根拠のある噂であったのかは不明だが、強引ともいうべき婚姻政策によって政治対立の芽を少しでも早くつみとろうとあせる清盛の姿が、噂の背景にあったといえるかもしれない。

一一七四(承安四)年七月八日、重盛が右大将《うだいしょう》に任じられた。これは、天皇家の外戚となったことに一応の安堵《あんど》をえた清盛が、福原の地より朝廷の人事に介入した結果である。また八月二十一日に行われた藤原基通の三位中将《さんみちゅうじょう》拝賀に先んじて、摂関家の家司である平信範が福原の清盛のもとに指示を受けに赴い

▼**千僧供養**　多数の僧侶を集めて営まれる法会。七世紀から江戸時代にいたるまで行われた。

ており、いぜんとして福原の清盛の権勢に揺るぎはみられなかった。

そのような清盛にとって、一一七六(安元《あんげん》二)年七月八日に建春門院平滋子がなくなったことは大きな痛手であった。清盛の正室時子の妹で高倉天皇の生母である建春門院は、平氏一門と後白河の関係をつなぐうえで重要な役割を果たしてきた人物であり、清盛が福原に後白河を招く際にも、しばしば建春門院が同行している。

振り返るに清盛は、若年には白河上皇の寵妃祇園女御《ぎおんのにょうご》、長じては鳥羽上皇皇后の美福門院、そして晩年には後白河の寵妃建春門院に支えられることで政治的地位を台頭させ維持してきた。二条天皇の乳母であった室時子のことなども含めて考えると、清盛は王権周辺の女性の力をもっとも有効に用いた政治家の一人であったということができよう。

建春門院の死に関して『愚管抄』は、それ以後に世が乱れるようになったとする観察を記している。慈円は、朝廷政治を安定させる建春門院の存在意義をみぬいていたのである。事実、慈円の観察のごとく、建春門院の没後に、栄華をきわめる平氏に対して反発の態度を示す言動が表面化しはじめる。建春門院が没した翌年の一一七七(治承《じしょう》元)年正月の除目で重盛が左大将《さだいしょう》、宗盛《むねもり》が右大将となったが、この人事に関して、大将の官を望んでいた藤原成親が強い不満を示したことはその一つである。

同時に清盛の側も、成親に代表されるような院近臣勢力を、平氏に対する対立勢力として強く意識していくようになっていた。その表れが、次に述べる鹿《しし》ヶ谷《がたに》事件における過剰なまでの清盛の対応であり、この事件の結末が清盛と後白河との連携に決定的な破局をもたらすこととなるのである。

鹿ヶ谷事件

一一七七(治承元)年四月、加賀《かが》の白山社《はくさんしゃ》▲とその本寺《ほんじ》にあたる延暦寺が加賀守藤原師高《もろたか》を訴える事件が起きた。師高は、後白河近臣の一人である西光《さいこう》▲の子にあたる。事の発端は、三月に起きた白山社の末寺である宇河寺《うかわでら》と加賀国目代とのあいだの闘乱事件であり、これ自体は、平安時代中・後期に荘園支配をめぐって頻発した受領と有力寺社の争いの一つであったが、かかわった人びとの顔ぶれが清盛をこの事件に深く巻き込み、苦慮を強いることとなったのである。

▼**白山社**　白山比咩《しらやまひめ》神社とも。式内社《しきないしゃ》。加賀国一宮《いちのみや》。現在の石川県白山《はくさん》市に鎮座。全国の白山神社の本宮《ほんぐう》。平安時代以降、修験道《しゅげんどう》の霊山《れいざん》として隆盛を誇った。

▼**西光**　?〜一一七七年。俗名は藤原師光《もろみつ》。平安時代末期の朝廷官人。鳥羽上皇・後白河上皇の近臣。はじめ信西(藤原通憲《みちのり》)に仕えた。信西が平治の乱で没したあとに出家したが、後白河の有力近臣の一人となり、院庁《いんのちょう》の財政組織を管轄して手腕を発揮した。鹿ヶ谷事件で平氏打倒の謀議の罪により斬首された。

▼**内侍所**　内裏中の温明殿《うんめいでん》におかれた神鏡《しんきょう》の保管所。内侍所の女《にょ》官《かん》が神鏡の守護にあたった。のちには神鏡そのものをさす語としても用いられた。

前述した嘉応年間(一一六九〜七一)の事件と同様に、延暦寺による近臣の処罰の要求に直面した後白河は、このときも当初は武士の力を頼りに強硬な態度で延暦寺の強訴に対処しようとした。だが結局は延暦寺の要求に屈する形で、四月二十日に藤原師高の尾張国配流が決定する。なおこのとき、強訴に備えて後白河より内侍所《ないしどころ》▲の警護を命じられた平経盛《つねもり》(清盛弟)が、清盛の指示がないことを理由に命令を拒絶する事態が起きている。嘉応年間の事件でも露呈した、後白河の軍事指揮権と福原にいる清盛の軍事指揮権が並存することの矛盾が、ふたたび表面化したのである。

子の師高に配流という処分がくだされた西光は不満をもち、後白河に延暦寺側の処罰を求めた。一時的には延暦寺の強訴にふたたび屈する形となった後白河であったが、近臣の強い要求に動かされ、五月になって天台座主明雲に延暦寺の悪僧の身柄引渡しを命じるとともに、一連の事件の責任により、座主の罷免さらには伊豆《いず》国への配流という処分をくだした。近臣への敵対行動をとる延暦寺に対して、後白河はついに堪忍袋の緒を切ったのである。

だが、延暦寺の衆徒たちの怒りもすさまじく、配流地に向かう途中で明雲の身柄を奪いとるという行動にでる。延暦寺との全面対決を強いられた後白河は、五月二十八日に比叡山《ひえいざん》の東西からの延暦寺攻撃を清盛に命じる。この時点で平氏一門を率いて行う国家守護の権限は重盛にあったはずだが、その権限は否定され、ふたたび清盛みずからによる軍事動員が復活する形となった。

延暦寺との合戦によって「仏敵」の汚名を受けることも、後白河の命にあからさまにさからうことも、もとより清盛の望むところではなかった。ここまでの叙述で示してきたように、清盛にとって類似の状況はこれまでにもあったが、このときほど深刻に清盛が後白河と延暦寺の板挟みに苦慮することはなかったといってよい。だが、事態は思わぬ方向に推移し、直後に起きた「鹿ヶ谷事件」が清盛のピンチを救うこととなる。

一一七七年六月一日、後白河上皇の近臣である藤原成親・西光・平康頼《やすより》▲・俊寛《しゅんかん》▲らが、京都近郊の東山《ひがしやま》にあった俊寛の山荘である鹿ヶ谷（『愚管抄』によれば信西の子静憲《じょうけん》の山荘）で平氏打倒の密議を行ったとされる、いわゆる鹿ヶ谷事件が起こる。『平家物語』などによると、実際に鹿ヶ谷で行われたことは、平氏に対する悪態をつきながら酒宴が盛り上がったという程度のものだったようだ

▼**平康頼**　生没年不詳。平安時代末期から鎌倉時代初期の武士。阿波《あわ》国出身。検非違使・左衛門《さえもんの》尉《じょう》に任じられ、北面《ほくめん》の武士として後白河上皇に仕えた。鹿ヶ谷事件に連座して鬼界島に配流されたが、のちに赦免されて帰京した。説話集『宝物集《ほうもつしゅう》』を編み、和歌の名手であった。

▼**俊寛**　生没年不詳。平安時代末期の真言宗《しんごんしゅう》の僧侶。父は仁和寺《にんなじ》の寛雅《かんが》。後白河上皇の近臣で、法勝寺座主に任じられた。鹿ヶ谷事件に連座して鬼界島に配流され、そのまま赦免を受けることなく同地で没した。

が、鹿ヶ谷での出来事は、その場にいあわせた摂津源氏《せっつげんじ》の多田行綱《ただのゆきつな》▲によって「平氏打倒の密議」として平氏に密告されてしまった。平氏はこれを謀反の企てとして関係者を厳しく処断し、西光を斬罪、成親を備前国配流に処し（のちに配流地で殺害）、俊寛と康頼を鬼界島《きかいがしま》に流している。

　この事件の結果、延暦寺と院近臣の対立に端を発した緊張状態はあっけなく解消され、清盛も苦境から解き放たれることとなった。しかし西光たちの陰謀の発覚は、いかにもタイミングがよすぎ、事態の推移には裏があったとみるしかないだろう。すなわち、延暦寺との衝突をなんとしても避けたい清盛が、後白河近臣たちの平氏一門への強い反発を逆手にとり、密告者を仕立てて（多田行綱が密告者であることは、実は良質の史料からは確かめられない）、なかば陰謀をでっち上げて、延暦寺との対立の要因となった院近臣たちを一挙に葬り去ったというのが、事件の実相だったのではないだろうか。

　以上のような経過をへて、清盛はともかくも延暦寺との武力衝突を回避することができた。しかし後白河は、信頼する院近臣の多くを処罰されたことにより、清盛に対して深い恨みをもった。これまでにも両者の対立の契機は存在し、

▼**多田行綱**　生没年不詳。平安末期から鎌倉初期の武士。清和《せいわ》源氏顕光《あきみつ》流の頼盛の子。摂津国多田荘（現、兵庫県川西《かわにし》市付近）を本拠地とした。治承・寿永《じゅえい》の乱では平氏攻撃の戦いに参加し、のちには頼朝と対立する義経《よしつね》への襲撃を行った。

時にその対立状況が表面化することはあったが、この事件のあとは、それ以前とは比べものにならないほど深い亀裂が両者のあいだに生じたのである。

なお、事件後に殺害された成親の妹を妻にもつ重盛は、成親の助命がかなわなかったことに落胆し、六月五日に左大将を辞している。これ以後、武家棟梁《ぶけのとうりょう》としての職務遂行に意欲を失った重盛にかわり、重盛の弟の宗盛が平氏一門を率いることとなった。かりにフレームアップであったにせよ、縁者が平氏打倒の密議に加わったとされた重盛の立場が弱まることは不可避であったろう。

明くる一一七八(治承二)年の正月、二月一日に予定された後白河の園城寺《おんじょうじ》における秘密灌頂《かんじょう》をめぐって、延暦寺の衆徒たちが園城寺の焼討ちをはかるという噂が流れた。このような事態が生じたとき、本来ならば後白河が清盛に命じて延暦寺衆徒の暴発を防がせるところであるが、二月二十一日に福原で宗盛と清盛の協議が行われた結果、清盛の反対で後白河の行幸は中止されている。もはや後白河にとって、みずからに忠実な態度を清盛に望めなくなったことを象徴的に示す出来事である。

五月になって、高倉天皇の中宮徳子の懐妊が確認された。六月二日に、徳子懐妊の報を受けた清盛が福原より上洛し、九月二日には一〇年ぶりに六波羅へはいっている。徳子が高倉の皇子を産み、その皇子が皇位を継承することとなれば、清盛は天皇の外祖父の立場をえることとなり、もはや後白河の存在をはばかる必要はなくなる……そのような思惑を描いて清盛の心はおどったのではないか。閏六月十七日には、清盛の同意をえて一七カ条の新制《しんせい》(内容は不詳)を高倉天皇が発布しており、徳子の懐妊によって清盛が、政治的提携の相手を後白河から高倉へと切りかえたことがわかる。

十一月十二日に徳子が皇子を無事出産したことを見届けた清盛は、十六日に福原に戻ったあと、二十六日に皇子立坊の沙汰のためふたたび上洛する。十二月十五日に立太子した皇子(言仁《ことひと》親王)が、のちに壇《だん》ノ浦《うら》で悲劇の運命を迎える安徳《あんとく》天皇である。

③—独裁政権への道

孤立する清盛

天皇家との外戚《がいせき》関係を確保したことで清盛の地位は磐石《ばんじゃく》になったかにみえたものの、一面で清盛一門《いちもん》は、朝廷《ちょうてい》社会のなかに協調者をもたぬ孤立した状況におかれつつあった。一一七八(治承《じしょう》二)年十二月二十四日に清盛の奏請《そうせい》によって、平治《へいじ》の乱《らん》後に唯一勢力を温存した源氏《げんじ》である源頼政《みなもとのよりまさ》▲が三位《さんみ》に叙されているが、これは源氏と平氏《へいし》のバランスを少しでも保とうとする清盛らしい配慮の表れである一方、孤立感を強める清盛が、危険な存在になりかねない頼政を取り込む狙いによるものともいえるだろう。

軍事的に平氏の支配をおびやかしうる存在が源氏武士である以上、清盛の目は、頼政など畿内《きない》の源氏武士だけでなく、清和《せいわ》源氏の武家棟梁《ぶけのとうりょう》との関係が深い東国《とうごく》武士団にも向けられざるをえなかった。一一七九(治承三)年になって清盛が富士参詣《ふじさんけい》を試みたことは、そのような清盛の警戒感の表れといえる。

結局正月十二日になって、翌日に予定されていた清盛の富士参詣の出立は中

▼**源頼政**　一一〇四〜八〇年。平安時代末期の武士。源三位《げんざんみ》と称された。摂津《せっつ》源氏の仲政《なかまさ》の長男で、摂津国渡辺《わたなべ》(現、大阪市中央区)を本拠とした。保元の乱では後白河方となり、平治の乱では当初味方した源義朝から離反して平清盛方につき、以後全盛をきわめる平氏と協調して昇進を続けた。一一八〇(治承四)年の以仁王の挙兵に加わり宇治で敗死。歌人として知られる。

止され、かわって企図された武蔵国《むさしのくに》知行国主《ちぎょうこくしゅ》知盛《とももり》の代参《だいさん》も取りやめとなったが、清盛の富士参詣には、東国地域に対する軍事視察を行うとともに、東国の信仰の拠点にみずからが赴くことによって、東国の平氏家人《けにん》に対する統制を強める目的があったことは疑いなかろう。厳島《いつくしま》社に対する信仰を用いた西国《さいごく》武士の統制と同様のことを、清盛は東国でも行おうとしたのである。

だが、この試みが中止となったことは、清盛が長期間にわたって京を離れることに不安を感じる一門の者たちの反対によるものと思われ、それほどに平氏一門の危機感は大きかったことが推測される。

このように東国の信仰の拠点である富士への配慮を試みた清盛は、厳島社に関しても、都《みやこ》と畿内および周辺の伝統的宗教権門《けんもん》に匹敵するだけの格を高めようとする意図を有し、二月に厳島を二十二社《にじゅうにしゃ》▲の社格に加えようと試み、他の有力神社の反対によって挫折している。またこのころ、清盛が公家《くげ》たちに盛んに厳島参詣を勧めていたことも、厳島社の権威を少しでも高めようとする意志の表れであったといえよう。

宗教権威に依拠して平氏の政治的立場の安定化をはかろうとあせる清盛を、

▼二十二社　朝廷の奉幣《ほうべい》の対象となる高い格をもつ伊勢《いせ》・石清水《いわしみず》・賀茂・松尾《まつのお》・平野《ひらの》・稲荷《いなり》・春日《かすが》・大原野《おおはらの》・大神《おおみわ》・石上《いそのかみ》・大和《やまと》・広瀬《ひろせ》・竜田《たつた》・住吉《すみよし》・日吉《ひえ》・梅宮《うめみや》・吉田《よしだ》・広田《ひろた》・祇園《ぎおん》・北野《きたの》・丹生《にう》・貴布禰《きふね》の二二の神社。十一世紀中ごろに制度として確立した。

平重盛像（『天子《てんし》摂関《せっかん》御影《みえい》』）

ふたたび一族の不幸が襲った。六月十七日に、摂関家《せっかんけ》と清盛を結びつける存在として重要な役割を果たしてきた盛子《せいこ》が没したのである。九条兼実《くじょうかねざね》は「異姓の身で摂関家領を押領《おうりょう》したから春日大明神《かすがだいみょうじん》の罰がくだった」との感想を日記『玉《ぎょく》葉《よう》』に記しているが、これは多くの藤原氏の貴族《きぞく》がいだく偽らざる感慨であったといえよう。

　そして、かねてより政治に対する関心を失い病気がちでもあった重盛《しげもり》が、五月二十六日に出家したのち、七月二十九日に没する。八月になって「盛子・重盛の死は西光《さいこう》の怨霊《おんりょう》によるものである」という趣旨の落書《らくしょ》が禁中でみつかっているが、これは肥大化しはじめた平氏に対する反発を反映したものといえるだろう。

　そのような状況の清盛に対し、後白河《ごしらかわ》は七月二十五日に、内紛の発生した延《えん》暦寺《りゃくじ》に対する攻撃命令をくだしている。例によって延暦寺との戦いを望まない清盛の動きは鈍く、しばらくのあいだはなかなか追討使《ついとうし》を派遣しようとはしなかった。この時点での清盛に対する後白河の命令は、清盛の軍事力に期待したというより、清盛を苦境に立たせることを承知したうえでの仕打ちであった

高倉天皇像（『天子摂関御影』）

といってよいだろう。

難題の処理に追われる清盛にたたみかけるような反清盛勢力の動きがなおも続く。七月になくなった重盛がもっていた知行国である越前《えちぜん》を後白河が没収したり、盛子が管轄していた摂関家領を後白河の支配下においたりしたことは、後白河による清盛の権益に対する侵害行為であった。また十月九日に、藤原《ふじわらの》基房《もとふさ》の子である師家《もろいえ》が基通《もとみち》などを飛び越えて八歳で権中納言《ごんのちゅうなごん》に任じられたことは、基通を支えてきた清盛の神経をさかなでする人事であり、清盛の権威に対するあからさまな挑戦であった。

後白河との決別

高倉《たかくら》天皇への奉仕を本務としつつ、同時に後白河との関係を少しでも良好に保とうとしていた清盛であったが、その忍耐も限界に達し、ついに最終的な手段が発動されるにいたる。一一七九(治承三)年十一月十四日、清盛は数千騎の武士を率いて福原《ふくはら》より上洛《じょうらく》し、十五日に後白河上皇《じょうこう》の院政《いんせい》を停止したばかりか、十九日には上皇自身の身柄を鳥羽殿《とばどの》に幽閉《ゆうへい》した。十一月十七日には清盛の

▼**後院**　天皇の私邸。親王時代の居所や臣下《しんか》が寄進した邸宅が転じたもの。代々の天皇に継承され、院政期以降は治天《ちてん》の君《きみ》が管轄した。付属する荘園《しょうえん》などの管理機関の名称としても用いる。

指示によって、後白河上皇に近い勢力とみなされた四〇人ほどの貴族が解官《げかん》されている。

解官された貴族のなかには関白《かんぱく》の職を解かれた基房がいたが、その罪科には、前述したような十月九日の除目《じもく》で子の師家を権中納言にしたことがあげられている。また、解官された者のなかには頼盛《よりもり》の名があったが、これは万一にも彼が清盛に抵抗する動きをみせないようにするための措置であったと考えられる。頼盛をみずからの統制下にいれて久しい清盛であったが、まだ警戒の念を完全には払いきってはいなかったのである。

同時に清盛は、後白河のもつ所領を高倉の後院《ごいん》▲領とし、まもなく開始されることとなる高倉の院政の経済基盤に組み込んだ。さらに清盛は、あらたに関白となった藤原基通の家司《けいし》に藤原光雅《みつまさ》を指名し、摂関家の所領管理にあたらせた。この辺りの一連の措置をみると、清盛と後白河の対立の根幹に所領問題が深い関わりをもっていたことを改めて知ることができる。

十一月十八日には、基房や後白河側近の貴族の配流《はいる》・追放処分がくだされ、敵対勢力の徹底的な殲滅《せんめつ》を終えた清盛は、二十日に福原へ戻っている。

以上のような清盛の措置を、学界では「治承三年清盛のクーデター」と呼んでいる。「清盛のクーデター」がもたらした朝廷政治のあらたな体制は、形式的には高倉天皇の親政《しんせい》であった。ちなみに十二月八日になって後白河の幽閉は解かれているが、後白河が院政を復活させたわけではもちろんない。

「清盛のクーデター」を政治構造論的に分析すると、人事面での激しい動きをともないながらも、天皇の政治を清盛が支えるという政治構造の変化がこの政変の前後にあったわけではなく、後白河の院政停止ということ自体にも前例はあった。したがって、この事件の政治的意義を過大評価すべきではないという見解も成り立ちうるのだが、後白河を鳥羽殿に幽閉し、強圧的な態度で多数の貴族の官職を奪い去った清盛の行動は、「平氏の独裁体制」の出現とともに、清盛の振舞いの「非道さ」を多くの人びとに直感させるものであった。このあとまもなく顕在化する、清盛の権力を打倒しようとする行動の道義的根拠は、まさにこの直感に求められていくこととなる。

十二月十六日、厳戒態勢のなかを高倉の皇子言仁親王《ことひとしんのう》が清盛の八条邸《はちじょうてい》に行啓《ぎょうけい》した。清盛はこのとき、孫の指をなめてつぎつぎに障子に穴をあけては感涙にむせんだという。

一一八〇(治承四)年二月二十一日、言仁親王が践祚《せんそ》し(安徳天皇《あんとく》)、清盛はついに天皇の外祖父の立場をえた。同時に高倉上皇の院政が開始され、高倉の関白であった藤原基通が安徳の摂政となっている。

三月になって清盛は、譲位したばかりの高倉を福原および厳島に行幸《ぎょうこう》させたが、譲位後最初の上皇の行幸先を賀茂社《かもしゃ》または八幡社《はちまんしゃ》とする先例を破るこの出来事は、伝統的宗教勢力を著しく刺激するものであった。清盛もそのことを十分に承知しており、厳戒態勢をしいたうえで、高倉の福原・厳島行幸を強行している。

四月十七日に醍醐寺《だいごじ》の辺りで清盛調伏《ちょうぶく》の祈禱《きとう》が行われたとの噂《うわさ》が流れるなど不穏な情勢のもと、四月二十二日、内裏紫宸殿《だいりししんでん》で安徳の即位の儀が執り行われた。

このあとまもなく、安徳の即位によってみずからの皇位継承の道を断たれたことに恨みをもった、あるいはより慎重な表現をするならば、そのような恨みをもっていると疑われた人物の行動が、清盛の政権を滅亡の道へとあゆませていくこととなる。その人物とは、後白河の第三皇子に生まれながら親王宣下《せんげ》すら受けられず、後白河の妹にあたる八条院▲暲子内親王《しょうしないしんのう》の庇護を頼りとして、皇位継承に一縷《いちる》の望みをつないでいた以仁王《もちひとおう》である。

以仁王の挙兵

以仁王は、諸国の源氏武士や大寺院に宛てて令旨《りょうじ》▲を発し、後白河を幽閉してその院政を停止し、多くの近臣《きんしん》たちの官職を奪い去った清盛の所業を「謀反人《むほんにん》」のそれと断じ、清盛の追討を呼びかけた。この令旨は、『吾妻鏡《あずまかがみ》』や『延慶本平《えんきょうぼんへい》家物語《けものがたり》』などにおさめられたことで広く世に知られ、その内容は後世の人びとの清盛像の形成に決定的な影響をあたえることとなる。

以仁王の動きを知った平氏は、五月十五日に王の邸宅に検非違使庁《けびいしちょう》の官人を向かわせて身柄の確保をはかったが、王はからくもこれを逃れ、園城寺《おんじょうじ》に逃れる。実は、以仁王が清盛打倒計画を立てていた証拠は明らかではなく、源頼政と連携した軍事行動の準備の具体的状況も不明である。鹿ケ谷《ししがたに》事件のときと同様、反対勢力を抹殺するべく、平氏が先手を打ったとみることも不可能では

▼八条院　一一三七〜一二一一年。鳥羽天皇の第三皇女。母は美《び》福門院得子《ふくもんいんとくし》。一一六一(応保《おうほ》元)年に二条《にじょう》天皇の准母《じゅんぼ》として内親王では最初の院号《いんごう》宣下を受けた。父より膨大な荘園群を譲られ、それらは八条院領と称されてのちの大《だい》覚寺《かくじ》統の経済基盤に継承された。

▼令旨　律令《りつりょう》制度において公《く》式令《しきりょう》が定める文書様式の一つで、皇太子・皇后・皇太后・太《たい》皇太后の命令を伝える際に用いられた。

平宗盛像（『天子摂関御影』）

ない。

園城寺をでて南都《なんと》の興福寺《こうふくじ》に向かった以仁王は、五月二十六日に南山城《みなみやましろ》で討たれ、王に味方して反平氏の挙兵をした源頼政も敗れ宇治《うじ》平等院《びょうどういん》で自害する。このように以仁王の反乱そのものはあっけなく終りを告げたが、王の発した令旨は、清盛たち平氏に反感をもつすべての勢力に戦いの大義名分《たいぎめいぶん》をあたえるものとして、きわめて大きな力を発揮した。前年の「清盛のクーデター」以降、急激に大量の知行国をえた平氏は、国司《こくし》と対立する多くの地方武士の不満・反感を一身に受けとめる状況となっており、天皇家に属する人物の「清盛追討命令」は、王の死後も諸国の武士による打倒平氏の戦いの原動力となっていった。

五月二十七日に朝廷では、以仁王の行動の過程で軍事的脅威であることが明らかとなった興福寺に対する攻撃の可否をめぐって議定《ぎじょう》がなされた。議定では、藤原隆季《たかすえ》・源通親《みちちか》による興福寺の即時攻撃の意見が示され、藤原氏の氏寺《うじでら》が戦火に巻き込まれることを恐れる九条兼実と意見を対立させている。実は、隆季と通親の発言の背景には、主戦論に立つ平宗盛《むねもり》の主張があった。

ところが、この宗盛の考えは清盛のそれと大きく異なっており、清盛は、興福寺の脅威から逃れるために後白河・高倉・安徳を都から福原に移すことを意図していた。清盛と宗盛の戦略の齟齬《そご》は、ほぼ一貫して一枚岩であり続けた平氏一門の軍事指揮体系に重大な亀裂が生じはじめたことを意味する。以仁王の敗死の報が届いたことによって当面興福寺との戦いが回避される一方で、清盛の構想はただちに実行に移されていく。

五月二十八日、清盛は高倉上皇に頼政の首をみせたあと、大番役《おおばんやく》のため在京している東国武士の帰京を引きとめ、相模国《さがみのくに》の大庭景親《おおばかげちか》に対して東国の軍事情勢を警戒するよう指示している。大庭景親は桓武《かんむ》平氏流鎌倉党《かまくらとう》▲の武士で、源義朝《よしとも》の家人として保元《ほうげん》の乱《らん》に参戦し、義朝が滅亡したあとは清盛に仕え、清盛にとっての「東国ノ御後見《ごこうけん》」(『源平盛衰記《げんぺいじょうすいき》』)とされた人物である。この時期の景親は清盛より相模国の平氏家人を束ねる役割をあたえられており、その立場は、鎌倉幕府《ばくふ》体制における一国守護《いっこくしゅご》のそれと同様のものであった。

このような状況下の六月二日、清盛は後白河・高倉・安徳を福原に移す、いわゆる「福原遷都《せんと》」を断行した。清盛の眼は遠く頼朝《よりとも》のいる東国に向けられており、防御には不向きな京を離れ、福原というあらたな軍事拠点に基盤をすえて

▼**鎌倉党**　相模国の東部にあたる鎌倉・高座《こうざ》・大住《おおすみ》の三郡に本拠をもつ武士団の結合。桓武平氏の鎌倉権五郎景政《ごんごろうかげまさ》を祖とし、平安時代後期以降、大庭・梶原《かじわら》・長尾《ながお》・保野《またの》などの諸家に分かれた。

東国武士との戦いに備えることが、清盛の基本戦略であったといえよう。

東国での戦乱と南都焼討ち

八月、以仁王の令旨に応えて源頼朝が伊豆《いず》で挙兵した。予想されたこととはいえ、義朝の遺児である頼朝の挙兵は、東国武士たちを束ねる旗印が明確になったことを意味し、清盛たちにとって大きな脅威となったにちがいない。平治の乱では、東国武士の援軍をえられなかったことが義朝の敗因となったが、みずからが東国にいて多くの東国武士を糾合する条件を備えた頼朝の場合はまったく事情が異なっている。清盛は、八月の段階で私的命令を大庭景親にくだして頼朝の反乱の鎮圧を命じ、九月五日になって頼朝追討宣旨《せんじ》を受けている。ここに「朝敵《ちょうてき》」頼朝と武家棟梁清盛との戦いが開始されることとなった。

清盛より頼朝追討の期待を受けた大庭景親であるが、鎌倉をめざして相模国にはいった頼朝たちを伊東祐親《いとうすけちか》とともに石橋山《いしばしやま》で包囲しながら、頼朝の海上への脱出を許してしまう。その後安房《あわ》に渡った頼朝が軍勢を拡大させながら房総《ぼうそう》半島を北上し、武蔵国・相模国そして鎌倉へと威風堂々の進軍を果たすことは

▼**富士川の戦い**　一一八〇(治承四)年十月二十日に、駿河《するが》国富士川を挟んで平維盛と甲斐源氏のあいだで行われた戦い。水鳥の飛び立つ音を源氏の夜襲と錯覚して平氏が敗走した逸話は有名。この戦いの結果、源頼朝の関東支配は安泰化した。

周知のとおりである。こうして、頼朝の反乱を早期にしずめようとする清盛の思惑は、根底から狂ってしまったのである。

そして十月二十日、頼朝追討の命を受けて東下した維盛《これもり》が、富士川《ふじがわ》の戦い▲で甲斐《かい》源氏に敗北し、十一月五日に敗軍の将として福原に戻っている。東国武士との緒戦に続けて敗北を喫したことで、福原に軍事拠点を定める清盛の戦略は大きな打撃を受けた。宗盛と激しい口論を戦わせたあと、清盛は結局「遷都反対派」の意見に同意し、十一月二十三日から二十四日にかけて「還都《かんと》」がなされ、二十九日には清盛自身も上洛《じょうらく》している。

清盛の立場はきわめて苦しいものとなった。十一月三十日に上皇御所《ごしょ》で行われた議定では、参議《さんぎ》藤原長方《ながかた》による後白河院政の復活と基房の帰京を主張する発言がなされた。これは前年の「清盛のクーデター」に対する正面からの批判を意味するものであった。ちなみに長方は、清盛の後白河幽閉を諫め、福原遷都に際し京にとどまったため「留守《るす》中納言」と称された人物である(翌年に中納言に昇進)。このような状況のなかで、やむなく清盛は十二月十八日に後白河の政務復帰を要請している。

この年の末になると、平氏は南都興福寺の動向にふたたび警戒感を強めるようになった。十一月から十二月にかけて激しさを増した近江《おうみ》源氏▲の軍事行動と興福寺の連携が強まることに、平氏は脅威を感じはじめていたのである。そこで清盛は、十二月に家人の妹尾《せのお》兼康《かねやす》を大和《やまと》国に派遣したが、まだこの段階での興福寺に対する清盛の姿勢は、必ずしも強硬なものではなかったように思われる。

しかし、興福寺大衆《だいしゅ》が兼康勢の武士六〇余人の首をはねるという挙にでたために清盛は激怒し、十二月二十五日に重衡《しげひら》を大将軍として南都に派遣して本格的な攻撃を開始した。激しい合戦《かっせん》ののち、平氏方の武士の放った火が南都を焼きつくし、興福寺・東大寺《とうだいじ》の大部分が焼失してしまった。興福寺大衆の挑発に乗った結果とはいえ、このいわゆる「南都焼討ち」は、清盛の代表的な「悪行《あくぎょう》」の一つとして人びとの記憶のなかにきざまれていくこととなる。

内乱のなかの死

一一八一(治承五)年正月八日に宗盛が畿内惣官職《きないそうかんしき》▲に任じられ、東国の源氏と

▼**近江源氏**　近江国を本拠とする源氏の一流。宇多《うだ》天皇の子孫である佐々木氏がもっとも繁栄した。

▼**畿内惣官職**　反乱の鎮圧を目的として、五畿《ごき》(山城《やましろ》・摂津・河内《かわち》・和泉《いずみ》・大和)・伊《い》賀《が》・伊勢・近江・丹波《たんば》の諸国の治安維持のためにおかれた令外官《りょうげのかん》。設置自体は長屋王《ながやおう》の変《へん》における先例にならったものだが、武士による地域軍政の先駆としての意味をもった。

安徳天皇像

の戦いに備えた軍政の体制がしかれる。そして正月十四日に、病の床にあった高倉上皇が二一歳の若さで没すると、既定方針どおりに後白河の院政が復活する。前述したように、清盛は後白河の院政復活を容認していたが、正月七日に、後白河の側近である平知康《ともやす》・大江公朝《おおえのきんとも》・武田有義《たけだありよし》といった人物を解官して、後白河の権力行使に制約を加えることも忘れてはいなかった。

そして、形ばかりの院政復活を許された後白河に対して清盛がとった行動は、正月二十五日に、厳島内侍《ないし》に生ませた安芸御子姫君《あきのみこひめぎみ》(のちの冷泉局《れいぜいのつぼね》)を入内《じゅだい》させるというものであった。その直前には徳子《とくこ》が後白河に入内するという案が示され、清盛と時子《ときこ》がこれを拒絶したとの風説までが流れている。徳子に関する風説の真偽は判然としないが、場当たり的な後宮《こうきゅう》政策で、政治対立を解消させ危機を乗り切ろうとする清盛あるいは後白河の思惑をみてとることができよう。

もっともこの段階では、清盛の独裁政権の正統性をかろうじて支える存在は安徳天皇のみであったといわざるをえない。二月十七日、警護の便を理由として、周囲の反対を押し切って安徳天皇を平頼盛の八条邸に移したことは、政治的正統性の保持のデモンストレーションというところであろうか。

清盛塚とされる石塚（神戸市兵庫区）　一九二三（大正十二）年の調査では遺骨はみつかっていない。

▼最勝光院　後白河上皇の御所である法住寺殿《ほうじゅうじどの》に付属して建てられた寺。三十三間堂《さんじゅうさんげんどう》の南の位置にあたる。

▼今様　広義には古体の歌謡に対する「当世風」の歌謡を意味するが、狭義には、院政期の京で流行した七五音四句《しちごおんしく》からなる歌謡がもっともよく知られている。そのような今様歌を集めたものに、後白河上皇が編んだ『梁塵秘抄《りょうじんひしょう》』がある。

だが、政権維持のための清盛のあがきはこれが最後であった。二月後半に、病魔が清盛を襲ったのである。激しい発熱に苦しみながら、閏《うるう》二月四日に八条河原《がわら》の平盛国《もりくに》邸で清盛は波乱の生涯を終える。享年六四歳であった。

清盛の遺言については、「頼朝の首を墓の前にかけろ」（『平家物語』）、「一族の者は最後の一人でも骸《むくろ》を頼朝の前にさらせ」（『玉葉』）、「一門の者は東国の平定のみ行え」（『吾妻鏡』）などといった内容が諸書にみえ、清盛が東国の情勢に執心しながらこの世を去ったことを示している。

また四日の朝、死を予感した清盛は、「万事を宗盛に命じたので、天下のことを宗盛とはかってほしい」との意思を後白河に伝えているが、後白河からの明確な回答はなかった。閏二月八日に行われた清盛の葬儀の日、最勝光院《さいしょうこういん》▲の御所で今様《いまよう》▲を歌い興じる後白河の姿は、決裂が修復されることなく終った両者の関係を象徴している。あるいは後白河は、すでにそのまなざしを、あらたな政治提携の相手とするべく東国の頼朝に向けていたのかもしれない。

清盛の遺体は、愛宕《あたご》の珍皇寺《ちんのうじ》で荼毘《だび》にふされ、遺骨は福原の経島《きょうじま》におさめられたとも、播磨国《はりま》山田《やまだ》の法華堂《ほっけどう》に埋葬されたとも伝えられる。

ふたたび平清盛のイメージをめぐって

清盛は、武家棟梁《ぶけのとうりょう》としての立場を生涯実直に貫き、武人としての責務をまっとうした一方、独特のバランス感覚をもち、諸方面への気配りを忘れることなく政治の世界でも台頭し、平氏《へいし》の栄華を築き上げた人物である。そのような清盛を「武家政権の創始者」と評価することに異論はないだろう。王権《おうけん》の命に基づく国家警固《けいご》や諸国の武士の家人《けにん》編成、あるいは京都大番役《おおばんやく》・地頭職《じとうしき》▲・守護《しゅご》職などといった面で、清盛の事績の多くが鎌倉幕府《かまくらばくふ》の体制に反映している。また、朝廷の意志決定過程に清盛が参画することで、武士の政治的権威を上昇させたことの意味も大きい。

その後、頼朝《よりとも》の開いた鎌倉幕府は、清盛に始まる「武士による政治」の実績を

▼**地頭職**　荘園《しょうえん》・国衙《こくが》領の治安維持を職掌として一定の収入を保障された地位およびその権利。平氏の時代に設置の例がみられたが、源頼朝が朝廷の認可を受けて全国各地の御家人《ごけにん》にこの地位をあたえた。

積み重ねて統治者としての武士の立場の正統性を確立させた。海外に目を向けたという清盛の姿勢に関しては、対外交渉という面ではきわめて内向きな鎌倉幕府の時代をへたあと、日明《にちみん》貿易を積極的に推進した足利義満《あしかがよしみつ》▲の時代に清盛の構想が本格的に実現したということができよう。

だが、清盛が体現した、政治の中心に武士が位置するという状況はあまりに早く歴史の流れを先取りするものであったため、清盛自身の人物評価には、「奢《おご》り」「過分《かぶん》」という言葉に代表されるような否定的イメージ・道義《どうぎ》的批判がつきまとうこととなった。

清盛の生涯を評した言葉といってよいであろう「奢れる人も久しからず、ただ春の夜の夢のごとし」という『平家物語《へいけものがたり》』の冒頭の一節は、そのような「奢る」清盛のイメージを示すものとしてよく知られているだろう。

「過分」という評価については、清盛の死の報に接した九条兼実《くじょうかねざね》による「過分の栄華、古今に冠絶《かんぜつ》するか」(『玉葉《ぎょくよう》』治承《じしょう》五〈一一八一〉年閏二月五日条)という評価や、鹿ケ谷《ししがたに》事件で捕縛された西光《さいこう》が清盛に言い放った言葉として『平家物語』にみえる「殿上《てんじょう》の交わりをだに嫌われし人(忠盛《ただもり》のこと)の子で、太政大臣《だいじょうだいじん》まで

▼**足利義満**　一三五八〜一四〇八年。室町幕府第三代将軍。父は二代将軍義詮《よしあきら》。一三六八(応安《おうあん》元)年に将軍宣下を受ける。一三九二(明徳《めいとく》三)年に南北朝を合一させ、九四(応永《おうえい》元)年に太政大臣に任じられた。有力守護大名《しゅごだいみょう》を抑圧して卓越した幕府権力を確立させ、日明貿易を開始して積極的な外交政策を進めた。

なりあがッたるや過分なるらむ」(巻二、西光被斬)などのような記述にみることができる。

たしかに清盛が、摂関家《せっかんけ》出身の人間でないにもかかわらず摂関家の所領を支配し、院にあらずして院政《いんせい》同様の政治運営を行ったことは事実であり、そこに歴史の流れがもたらした一定の「合理性」「正統性」があったにせよ、清盛の所業に対して「奢り」「過分」といった世評があたえられることは自然な成りゆきであった。また「清盛落胤《らくいん》説」のような言説の成立にも、清盛の「奢り」「過分」を現実として受け入れざるをえない宮廷人の複雑な感情がかかわったのではなかったか。これらは、時代を先取りした者の宿命というべきものであったろう。

だが、そのような評価のみからは、清盛の「悪逆《あくぎゃく》非道《ひどう》」のイメージが導かれることはけっしてなかったはずである。ここで強調しなければならないことは、鎌倉幕府成立という歴史的事実が、清盛の否定的な人物像の形成にもっとも大きな影響をあたえたということである。

清盛の死の直前、京周辺・畿内《きない》・東国《とうごく》で同時多発的に発生した巨大な反乱のうねりは清盛一門《いちもん》を滅ぼしさり、そのあとには鎌倉幕府という東国に拠点をおく武家権力を含み込んだあらたな国家秩序が成立した。この秩序の担い手たちは、みずからの権力の正統性を主張するために、清盛に対して「朝敵《ちょうてき》」「仏敵《ぶってき》」という絶対悪の役割をあたえる論理を維持し続けた。

鎌倉幕府が編纂した歴史書『吾妻鏡《あずまかがみ》』の冒頭に、「朝敵」「仏敵」としての清盛の討伐を命じる以仁王《もちひとおう》令旨《りょうじ》が登場することは、そのような鎌倉幕府支配層の自己認識の端的な表れである。

鎌倉幕府の滅亡、建武《けんむ》政権の成立と崩壊、室町《むろまち》幕府の成立と南北朝《なんぼくちょう》動乱の開始といった歴史の流れを足利氏に近い立場で描く歴史書『梅松論《ばいしょうろん》』▲には、将軍によって討伐された謀反人《むほんにん》を列挙した箇所で、清盛について「その功に誇りて政務を恣《ほしいまま》にし、朝威を背き、悪逆無道なりしほどに」頼朝に討たれたことが特筆されている。「悪逆非道な平氏を討って成立した鎌倉幕府の正統性を受け継ぐ室町幕府」という図式において、清盛のこのような位置付けは不可欠であった。

なお、南朝《なんちょう》に近い立場から『梅松論』と同じ時期の歴史叙述を行う『太平記《たいへいき》』▲においても、物部守屋《もののべのもりや》・蘇我入鹿《そがのいるか》・長屋王《ながやおう》・恵美押勝《えみのおしかつ》・藤原純友《ふじわらのすみとも》・藤原頼長《よりなが》・

▼**『梅松論』**　承久《じょうきゅう》の乱から室町幕府成立までを叙述対象とした軍記物語。二巻。編者は細川氏の一族であるとする説が有力。老僧が歴史を語るという形式をもち、内容は足利氏を中心としたものである。

▼**『太平記』**　南北朝内乱を題材とした軍記物語。四〇巻。後醍醐《ごだいご》天皇の即位から足利義満の執政開始までの歴史を叙述する。数度にわたる加筆・補訂を繰り返して、一三七〇年代ごろに現在の形になったと推定される。編者には恵《え》鎮《ちん》・小島法師《こじまほっし》などが想定されているものの不詳。多くの虚構を含みながら、南北朝時代の歴史を知るための貴重な史料である。後世の文学・芸能に大きな影響をあたえた。

源為義《みなもとのためよし》・安倍貞任《あべのさだとう》・源義仲《よしなか》・北条高時《ほうじょうたかとき》などとともに清盛が「日本朝敵」として列挙されている。中世には、清盛は歴代の「朝敵」リストのなかに明確にその名を刻み込まれていたのである。

江戸《えど》時代の清盛像について一点だけふれると、江戸中期の儒学者《じゅがくしゃ》である新井《あらい》白石《はくせき》の『読史余論《とくしよろん》』▲のなかでは、北畠親房《きたばたけちかふさ》の『神皇正統記《じんのうしょうとうき》』▲を引く形で、清盛たち平氏一門が多くの官位《かんい》・所領をえたために「王室の権さらになきがごとくになりぬ」とか、「清盛悪行をのみ」行ったために高倉《たかくら》天皇が譲位を思い立ったことなどが記されている。江戸幕府が源家《げんけ》将軍家の正統な継承者を標榜《ひょうぼう》するかぎり、江戸時代の支配層がもつ清盛観は否定的なものにならざるをえなかっただろう。

そして、以仁王令旨にもみえる「清盛＝仏敵」とする規定が、清盛の評価をさらに低めることとなる。清盛を死にいたらしめた熱病が仏神にさからった「悪業」の報いであるとする認識は、『平家物語』の叙述によって広く知られているが、『平家物語』のような軍記文学以外に、死の床で清盛が熱病に苦しむ姿を描く実録的史料である『養和元年記《ようわがんねんき》』▲が、興福寺僧《こうふくじそう》の手によるものであることには

▼**『読史余論』**　和文で記された編年体《へんねんたい》の歴史書。三巻。一七一二(正徳《しょうとく》二)年成立。儒学者である新井白石の江戸幕府第六代将軍徳川《とくがわ》家宣《いえのぶ》に対する講義をもとにしている。朝廷《ちょうてい》政治の変容と武家権力の台頭を画期とする段階論的歴史区分が説かれている点に特徴があり、後世の歴史叙述の一つの模範とされた。

▼**『神皇正統記』**　後醍醐《ごだいご》天皇の腹臣として建武政権の要職をつとめた北畠親房が著した歴史書。三巻。一三三九(暦応《りゃくおう》二・延元《えんげん》四)年に常陸国《ひたちのくに》小田城《おだじょう》で執筆された。神代《じんだい》から後村上《ごむらかみ》天皇即位までの歴史を、南朝の正統性を主張する観点から叙述する。のちの天皇中心史観に大きな影響をあたえた。

注意を要する。「南都《なんと》焼討ち」の災厄をこうむった興福寺の関係者にとって清盛はまさに仏罰を受けるべき存在であったろうが、その評価は清盛の最晩年の事績のみに起因するといってよいものである。

清盛の全生涯の事績をとおしてみるならば、清盛は延暦寺《えんりゃくじ》をはじめとする有力寺社勢力には宥和的《ゆうわてき》であり、概してその利益を擁護する立場を取り続けていたことは、本書のこれまでの叙述で明らかであろう。また、『平家物語』には、清盛が平安《へいあん》時代中期の僧で比叡山中興《ひえいざんちゅうこう》の祖とされる良源《りょうげん》▲(慈恵大師《じえだいし》)の生まれ変わりであるとする伝承が記されており、清盛が仏教信仰に厚かったことをうかがわせる。だが、そのような清盛像は、長い歴史の流れのなかで後景に押しやられることとなってしまったのである。

また、上記のような事柄に加えて、経島《きょうじま》を築造する際に人柱をささげたとする清盛の所業が、室町時代以降に隆盛した幸若舞《こうわかまい》▲の作品に描かれることで人口に膾炙《かいしゃ》し、清盛の「非道」なイメージを増幅させていくこととなった。

以上のような形ではぐくまれてきた伝統的な清盛認識は、「堕落した平氏は質実剛健な源氏に負けるべくして負けた」とする単調な源平内乱史観の根拠と

▼**『養和元年記』**　徳富蘇峰《とくとみそほう》の収集による成簣堂《せいきどう》文庫（お茶の水図書館所蔵）のなかの興福寺大乗院《だいじょういん》門跡《もんぜき》伝来史料にみえる記録。表題のとおり、平清盛が没した養和元（一一八一）年の記事をおさめる。

▼**良源**　九一二～九八五年。平安時代中期の天台宗《てんだいしゅう》の僧侶。近江国に生まれ俗姓は木津《きづ》氏。法会《ほうえ》における論義《ろんぎ》や宗論《しゅうろん》で僧侶としての名声を高め、九六六（康保《こうほう》三）年に天台座主《てんだいざす》となってからは、比叡山の堂舎整備・経済基盤確立・寺内法制定など多くの業績をあげた。

▼**幸若舞**　中世末期に隆盛した語り物芸能およびその演者。越前《えちぜん》国朝日《あさひ》村に本拠をおいた舞の一派である幸若が名の由来。男性による勇壮な語りを特徴とし、軍記物語などを題材とした。織田信長《おだのぶなが》の保護を受け、江戸時代には幕府の式楽《しきがく》とされた。

して、かなり根強く日本人の歴史観に影響をあたえているように思われる。

近代の歴史学の清盛認識について簡単にふれると、さすがに「悪逆非道」のごとき大義名分論《たいぎめいぶんろん》的評価をもって清盛を論ずることはみられなくなるものの、日本中世史学の創始者ともいうべき原勝郎《はらかつろう》▲の『日本中世史』では、本来の武士の姿を放棄した清盛一門が貴族《きぞく》化して藤原氏と同質化したことが指摘され、武士の立場を貫いて鎌倉幕府を開いた源頼朝との対比が強調されている。その後、武士階級を歴史の進歩の担い手とする原の歴史認識の枠組みに基づく在地領主《ざいちりょうしゅ》制論《せいろん》▲的アプローチによる研究でも、同様な清盛評価が継承されていく。

戦後歴史学においても、清盛の政権は貴族政権か武家政権かという形での議論がしばらく続いたが、一九七〇～八〇年代以降の日本史学研究では、院政期を日本の中世の始期ととらえる時代区分観の確立と連動して、清盛を明確に武家政権の創始者ととらえ、その達成が後世にあたえた影響の大きさや平氏政権と鎌倉幕府の連続性に着目する研究が多く発表され、清盛の実像に対する学問的理解は大きく変容するにいたった。

そのような清盛に関する認識の変化が、一般的な、あるいは歴史教育におけ

▼**原勝郎**　一八七一～一九二四年。明治・大正時代の歴史学者。岩手県出身。帝国大学(のちの東京帝国大学)で日本史を学ぶ。欧米への留学から帰国したあと、京都帝国大学教授として西洋史を講じた。ヨーロッパの歴史学における「中世」の概念をはじめて日本史に適用した。

▼**在地領主制論**　在地領主(村落に在住して所領の開発と経営を進めた武装集団)の台頭の過程を基軸に日本中世の歴史を理解しようとする日本史学上の学説・研究方法。

る清盛像理解に影響をあたえはじめていることもまちがいないだろう。清盛という人物を論じるうえで、いまや「悪役」としての清盛像の形成過程そのものを、歴史事象として対象化するべき段階にいたっている。清盛が「悪役」とされてきた理由を、清盛の実際の事績との比較検討から理解することは、一人の人物のイメージが歴史の流れのなかで大きくゆがめられた事例を学ぶうえで格好の素材となるにちがいない。

写真所蔵・提供者一覧(敬称略, 五十音順)

安楽寿院・和歌山県立博物館　p. 16
厳島神社・廿日市市観光課　カバー裏
京都大学附属図書館　p. 25上
宮内庁三の丸尚蔵館　扉, p. 10, 17上, 29, 40, 43, 67, 68, 73
神戸市教育委員会　p. 79
佐藤英世(撮影)　p. 9
大東急記念文庫　p. 3
東京国立博物館・Image:TNM Image Archives　カバー表
御寺 泉涌寺　p. 78
妙法院　p. 41
六波羅蜜寺　p. 14上, 49上(田中眞知郎撮影)

参考文献

飯田悠紀子『保元・平治の乱』教育社, 1979年
石井進『日本中世国家史の研究』岩波書店, 1970年
石井進「平氏政権」『石井進著作集　第3巻 院政と平氏政権』岩波書店, 2004年
石母田正『古代末期政治史序説』未来社, 1956年
上杉和彦『源頼朝と鎌倉幕府』新日本出版社, 2003年
上杉和彦『源平の争乱』吉川弘文館, 2007年
上横手雅敬『日本中世政治史研究』塙書房, 1970年
上横手雅敬『平家物語の虚像と実像　上・下』講談社, 1973年
川合康『源平合戦の虚像を剥ぐ』講談社, 1996年
川合康編『平家物語を読む』吉川弘文館, 2009年
日下力『平治物語の成立と展開』汲古書院, 1997年
河内祥輔『保元の乱・平治の乱』吉川弘文館, 2002年
河内祥輔『日本中世の朝廷・幕府体制』吉川弘文館, 2007年
古代学協会編『後白河院』吉川弘文館, 1993年
小松茂美『平家納経の研究』講談社, 1976年
五味文彦『院政期社会の研究』山川出版社, 1984年
五味文彦『平家物語, 史と説話』平凡社, 1987年
五味文彦『平清盛』吉川弘文館, 2000年
下郡剛『後白河院政の研究』吉川弘文館, 1999年
高橋昌明『増補改訂 清盛以前』文理閣, 2004年
高橋昌明『平清盛　福原の夢』講談社, 2007年
高橋昌明『平家の群像』岩波書店, 2009年
田中文英『平氏政権の研究』思文閣出版, 1994年
棚橋光男『後白河法皇』講談社, 1996年
玉井力『平安時代の貴族と天皇』岩波書店, 2000年
野口実『中世東国武士団の研究』高科書店, 1994年
橋本義彦『藤原頼長』吉川弘文館, 1976年
原勝郎『日本中世史』創元社, 1939年
本郷恵子『京・鎌倉　ふたつの王権』小学館, 2008年
美川圭『院政の研究』臨川書店, 1996年
元木泰雄『院政期政治史研究』思文閣出版, 1996年
元木泰雄『藤原忠実』吉川弘文館, 2000年
元木泰雄『平清盛の闘い』角川書店, 2001年
安田元久『平家の群像』塙書房, 1966年
安田元久『後白河上皇』吉川弘文館, 1986年
義江彰夫『鎌倉幕府地頭職成立史の研究』東京大学出版会, 1978年

平清盛とその時代

西暦	年号	齢	おもな事項
1118	元永元	1	*1-18* 清盛誕生。父は平忠盛。母は白河院の女房
1129	大治 4	12	*1-6* 従五位下に叙される。*1-24* 左兵衛佐に任じられる。*7-7* 白河上皇が没し，鳥羽院政が始まる
1137	保延 3	20	*1-30* 肥後守に任じられる
1141	永治元	24	*12-7* 崇徳天皇が退位し，近衛天皇が即位する
1147	久安 3	30	*7-27* 祇園社闘乱事件の責任により贖銅刑を科される
1150	6	33	*9-26* 藤原忠実が忠通を義絶し，頼長を氏長者とする
1151	仁平元	34	*2-2* 安芸守に任じられる
1153	3	36	*1-15* 父忠盛が没する
1155	久寿 2	38	*7-23* 近衛天皇が没する。*7-25* 後白河天皇が即位する
1156	保元元	39	*7-2* 鳥羽上皇が没する。*7-11* 保元の乱で後白河天皇方につき，合戦に勝利する。勲功の賞で播磨守に任じられる。*7-14* 頼長が敗死する。*7-23* 崇徳上皇が讃岐に配流される
1158	3	41	*8-10* 大宰大弐に任じられる。*8-11* 後白河の院政が始まる
1159	平治元	42	*12-17* 熊野詣より六波羅に戻る。*12-27* 源義朝との合戦に勝利する
1160	永暦元	43	*3-11* 源頼朝が伊豆に配流される。*6-20* 正三位に叙される。*8-11* 参議に任じられる。*9-2* 右衛門督に任じられる
1161	応保元	44	*1-23* 検非違使別当に任じられる。*9-13* 中納言に任じられる。この年，後白河院政が停止され，二条親政が始まる
1164	長寛 2	47	*4-* 藤原基実を娘の婿とする。*9-* 厳島社に経巻を奉納する
1165	永万元	48	*1-23* 兵部卿に任じられる。*6-25* 二条天皇が譲位する。*7-7* 六条天皇が即位する。*7-28* 二条上皇が没する。*8-17* 権大納言に任じられる
1166	仁安元	49	*10-10* 東宮大夫に任じられる。*11-11* 内大臣に任じられる
1167	2	50	*2-11* 従一位太政大臣となる。*5-17* 太政大臣を辞す
1168	3	51	*2-11* 出家して清蓮を法名とする(のちに静海)。*2-19* 六条天皇が高倉天皇に譲位
1170	嘉応 2	53	*7-3* 殿下乗合事件が起こる
1171	承安元	54	*12-14* 娘の徳子が高倉天皇に入内する
1177	治承元	60	*3-22* 延暦寺衆徒が加賀国司を訴える。*6-1* 鹿ヶ谷の謀議が露見する
1179	3	62	*11-15* 後白河上皇の院政を停止する。*11-17* 院近臣を解官する。*11-19* 後白河上皇を鳥羽殿に幽閉する
1180	4	63	*2-21* 高倉天皇が安徳天皇に譲位し院政を開始する。*5-15* 以仁王の乱が起こる。*6-2* 福原遷都。*8-17* 頼朝が伊豆で挙兵する。*9-5* 頼朝追討宣旨を受ける。*10-20* 富士川の戦い。*11-23* 福原より還都。*12-25* 平氏軍，南都を攻撃する
1181	5	64	*1-14* 高倉上皇が没する。閏*2-4* 清盛死す

上杉和彦（うえすぎ かずひこ）
1959年生まれ
東京大学大学院博士後期課程中途退学
専攻，日本中世史
現在，明治大学教授
主要著書
『日本中世法体系成立史論』（校倉書房1996）
『源頼朝と鎌倉幕府』（新日本出版社2003）
『大江広元』（人物叢書，吉川弘文館2005）
『戦争の日本史6　源平の争乱』（吉川弘文館2007）
『歴史に裏切られた武士　平清盛』（アスキー新書2011）

日本史リブレット人 025
平《たいらの》 清盛《きよもり》
「武家の世」を切り開いた政治家
2011年５月20日　１版１刷　発行
2016年８月31日　１版４刷　発行

著者：上杉和彦

発行者：野澤伸平

発行所：株式会社 山川出版社

〒101－0047　東京都千代田区内神田１－13－13
電話 03(3293)8131(営業)
03(3293)8135(編集)
http://www.yamakawa.co.jp/
振替 00120-9-43993

印刷所：明和印刷株式会社

製本所：株式会社 ブロケード

装幀：菊地信義

Printed in Japan ISBN 978-4-634-54825-1

日本史リブレット 人

1 卑弥呼と台与――仁藤敦史
2 倭の五王――森　公章
3 蘇我大臣家――佐藤長門
4 聖徳太子――大平　聡
5 天智天皇――須原祥二
6 天武天皇と持統天皇――義江明子
7 聖武天皇――寺崎保広
8 行基――鈴木景二
9 藤原不比等――坂上康俊
10 大伴家持――鐘江宏之
11 桓武天皇――西本昌弘
12 空海――曽根正人
13 円珍と円仁――平野卓治
14 菅原道真――大隅清陽
15 藤原良房――今　正秀
16 宇多天皇と醍醐天皇――川尻秋生
17 平将門と藤原純友――下向井龍彦
18 源信と空也――新川登亀男
19 藤原道長――大津　透
20 清少納言と紫式部――丸山裕美子
21 後三条天皇――美川　圭
22 源義家――野口　実
23 奥州藤原三代――斉藤利男
24 後白河上皇――遠藤基郎
25 平清盛――上杉和彦
26 源頼朝――高橋典幸
27 重源と栄西――久野修義
28 慈円――平　雅行
29 北条時政と北条政子――関　幸彦
30 藤原定家――五味文彦
31 後鳥羽上皇――杉橋隆夫
32 北条泰時――三田武繁
33 日蓮と一遍――佐々木馨
34 北条時宗と安達泰盛――福島金治
35 北条高時と金沢貞顕――永井　晋
36 足利尊氏と足利直義――山家浩樹
37 後醍醐天皇――本郷和人
38 北畠親房と今川了俊――近藤成一
39 足利義満――伊藤喜良
40 足利義政と日野富子――田端泰子
41 蓮如――神田千里
42 北条早雲――池上裕子
43 武田信玄と毛利元就――鴨川達夫
44 フランシスコ＝ザビエル――浅見雅一
45 織田信長――藤田達生
46 徳川家康――藤井讓治
47 後水尾天皇と東福門院――山口和夫
48 徳川光圀――鈴木暎一
49 徳川綱吉――福田千鶴
50 渋川春海――林　淳
51 徳川吉宗――大石　学
52 田沼意次――深谷克己
53 遠山景元――藤田　覚
54 酒井抱一――玉蟲敏子
55 葛飾北斎――小林　忠
56 塙保己一――高埜利彦
57 伊能忠敬――星埜由尚
58 近藤重蔵と近藤富蔵――谷本晃久
59 二宮尊徳――舟橋明宏
60 平田篤胤――小野　将
61 大原幽学と飯岡助五郎――高橋　敏
62 ケンペルとシーボルト――松井洋子
63 小林一茶――青木美智男
64 鶴屋南北――諏訪春雄
65 中山みき――小澤　浩
66 勝小吉と勝海舟――大口勇次郎
67 坂本龍馬――井上　勲
68 土方歳三と榎本武揚――宮地正人
69 徳川慶喜――松尾正人
70 木戸孝允――一坂太郎
71 西郷隆盛――福地　惇
72 大久保利通――佐々木克
73 明治天皇と昭憲皇太后――佐々木隆
74 岩倉具視――坂本一登
75 後藤象二郎――鳥海　靖
76 福澤諭吉と大隈重信――池田勇太
77 伊藤博文と山県有朋――西川　誠
78 井上馨――神山恒雄
79 河野広中と田中正造――（交渉中）
80 尚泰――我部政男
81 森有礼と内村鑑三――狐塚裕子
82 重野安繹と久米邦武――松沢裕作
83 徳富蘇峰――中野目徹
84 岡倉天心と大川周明――塩出浩之
85 渋沢栄一――井上　潤
86 三野村利左衛門と益田孝――森田貴子
87 ボアソナード――小宮一夫
88 島地黙雷――山口輝臣
89 児玉源太郎――大澤博明
90 西園寺公望――永井　和
91 桂太郎と森鷗外――荒木康彦
92 高峰譲吉と豊田佐吉――鈴木　淳
93 平塚らいてう――差波亜紀子
94 原敬――季武嘉也
95 美濃部達吉と吉野作造――古川江里子
96 斎藤実――小林和幸
97 田中義一――加藤陽子
98 松岡洋右――田浦雅徳
99 溥儀――塚瀬　進
100 東条英機――古川隆久

〈白ヌキ数字は既刊〉